Madrid

ANAYA
TOURING CLUB

GUIARAMA
MADRID Y ALREDEDORES

Autores: **Javier Martínez Reverte, Fernando de Giles, Ignacio Medina**
(Gastronomía), **Silvia Roba** (Diez indispensables) y equipo editorial **Anaya Touring Club.**

Editora de proyecto: **Mercedes de Castro**. Editoras: **Isabel Jiménez Barrera**
y **Sonia Antón Ríos**. Coordinación técnica: **Mercedes San Ildefonso**.
Equipo técnico: **Rosana López del Cid** y **Michi Cabrerizo**. Mapas y
planos: **Cartografía ANAYA Touring Club.**
Diseño de cubierta: **María Victoria López.**

Fotografías: Todas las fotografías pertenecen a **Juan Manuel Miranda/
Anaya Touring Club,** excepto: **Archivo Anaya:** 3c, 43, 50, 66, 71, 100-
101, 102, 105, 111, 112, 117 sup. e inf. **Pedro Cosano/ Anaya:** 3b, 6-7,
11, 12, 16, 17, 22, 23, 25, 64, 67, 70, 84, 95, 97, 114-115 y cabecera del
apartado Diez Indispensables. **Sergio Enríquez/ Anaya:** 20, 21. **D.
Lezama/ Anaya:** 86, 99 inf. **E. Marín/ Anaya:** 8, 18. **J. Martín/ Anaya:**
40, 46. **Oronoz:** 45. **Á. Ortega/ Anaya:** 13, 26-27, 99 sup. **P. Ramón
Ortega-Fototeca de España/ Anaya:** 14-15, 19. **J. A. Sanguinetti-
Fototeca de España/ Anaya:** 24, 56, 76, 85. **J. C. Zafra/ Anaya:** 38,
44. **A. H. Zuazo/ Anaya:** 112.

Impresión: Varoprinter, S.A.
6ª edición: marzo 2006

© Grupo Anaya, S. A., 2006
   Juan Ignacio Luca de Tena, 15. 28027 Madrid.

Depósito legal: M-10679-2006
I.S.B.N.: 84-9776-351-3
Impreso en España - Printed in Spain.

www.anayatouring.com La página web de Anaya Touring Club ofrece tanto
un completo catálogo de publicaciones de la editorial de interés para viajeros,
como un club donde intercambiar experiencias de viaje y donde poder conectar
con otros viajeros e incluso con los autores de nuestras guías.

ÍNDICE GENERAL

CÓMO USAR ESTA GUÍA

● ANTES DEL VIAJE

Se sugiere la lectura del apartado **Diez indispensables** (de la página 8 a la 27), artículos sobre la lugares, costumbres, citas, etc. de Madrid. Para quienes opinan que la *gastronomía* es uno de los atractivos del viaje, la sección del mismo nombre (de la página 116 a la 119) ofrece una visión bastante completa de aquellas especialidades cántabras que pueden despertar la curiosidad del viajero.

● DURANTE EL VIAJE

En el apartado titulado **Visita a la ciudad de Madrid** (de la página 30 a la 95) se describe la localidad a través de diversos itinerarios, proporcionando una información detallada de los lugares de mayor interés. El plano que aparece en las páginas 32-33 será de gran utilidad para realizar los desplazamientos por la ciudad.

● EXCURSIONES POR LA PROVINCIA

Bajo el epígrafe **Excursiones desde Madrid** (de la página 102 a la 113) se ofrecen cuatro excursiones de un día, que son otras tantas alternativas para visitar aquellas zonas que tienen un singular valor histórico, paisajístico o monumental.

● LA HORA DE COMER (Y CENAR)

Dentro del capítulo titulado **Informaciones prácticas** se incluye una amplia selección de *restaurantes* por localidades, calidades y precios.

En esta misma sección se facilita también información sobre un buen número de actividades con las que ocupar el tiempo libre que van desde las fiestas de las principales localidades, a otras como alojamientos, museos, compras, transportes...

● USE LOS ÍNDICES

Finalmente se ha elaborado un índice de lugares de interés que permite localizar con facilidad las páginas en las que hay alguna información de utilidad.

PLANIFICACIÓN DEL VIAJE

En función del tiempo del que se disponga, sea una semana o más o un fin de semana, puede conseguirse el máximo provecho a la estancia siguiendo las sugerencias siguientes:

Una semana

Visite la ciudad de Madrid siguiendo los itinerarios urbanos que se proponen en esta guía. La visita al Museo del Prado bien puede ocupar toda una jornada.

Seleccione, entre las cuatro excursiones propuestas, las que le resulten más interesantes para conocer la provincia de Madrid.

Para comer, siga los consejos de la sección **Gastronomía** y **Restaurantes.**

Para cualquier otra actividad en la que ocupar sus momentos libres puede consultar el apartado **Informaciones prácticas,** donde se incluye información de carácter general sobre fiestas, eventos culturales, museos, compras, alojamientos, transportes y comunicaciones, oficinas de turismo...

Fin de semana

Si su estancia en la capital se limita a un fin de semana, visite el Museo del Prado y el Madrid Viejo. La lista de restaurantes de esta guía le será de gran utilidad.

DIEZ
INDISPENSABLES

1. La Puerta del Sol

La conocida plaza, que rivaliza con su vecina Plaza Mayor y la no muy lejana Cibeles, es tal vez la más popular de la ciudad.

Durante varios siglos se la ha considerado como el centro de la capital, y en cierta manera el centro de España, pues en ella está el kilómetro cero desde el que se cuentan las distancias de todas las carreteras radiales del país. Aquí está el alma del viejo Madrid, su corazón más auténtico.

En la lonja de un antiguo templo ya desaparecido, el de san Felipe, se reunía el *mentidero* de Madrid, el lugar donde se recogían todos los rumores relacionados con la política y los escándalos amorosos. También fue la plaza escenario de asesinatos sonados, como el del conde de Villamediana en el año 1622 y el del primer ministro Canalejas en 1912. Y aquí encontraron marco los acontecimientos políticos más importantes de la historia madrileña, como el alzamiento del 2 de mayo de 1808, el recibimiento popular a Wellington, la proclamación de la Constitución de Cádiz de 1812 y la celebración por el triunfo de la Segunda República en el año 1931.

Edificio de la Presidencia de la Comunidad de Madrid en la Puerta del Sol.

La plaza conserva, pese al impulso de modernización vivido por la ciudad en las últimas décadas, su sabor añejo. Entran y salen de aquí, como de un hormiguero incesante, gentes de toda condición y edad. Hay numeroso comercio alrededor, rincones repletos de restaurantes y de tascas típicas, churrerías, quioscos donde se encuentran periódicos y revistas de todo el mundo...

Pero en la plaza, sobre todo, importa la gente, la variedad de tipos, los paseantes, los que van de compras, los que venden baratijas en tenderetes, los viajeros que acaban de llegar a la ciudad, los carteristas de postín, los trileros, un mundo, en fin, muy semejante al que surgió aquí mismo hace siglos, que retrató Quevedo, que describieron Galdós y Baroja, que está vivo para dar fe todavía de lo que fue Madrid en el pasado. ◆

Javier Martínez Reverte

2. La noche de Madrid

Su símbolo no debería ser un oso, sino una lechuza, porque Madrid es sin duda la ciudad más noctámbula de Europa. Quizás sea ésta la razón por la que a los madrileños se les llame gatos.

Lo cierto es que la noche en Madrid, desde siempre, ha sido profana, lúdica y, en muchos lugares, pecaminosa. Y ha sido también viva, ruidosa, repleta de gentes que no sabían existir a otras horas y que huían del sol como de la peste. La bohemia madrileña es nocturna. Los conquistadores madrileños son nocturnos. En Madrid, además, desde siempre hubo locales abiertos a cualquier hora de la noche.

En la actualidad, Madrid es una de las pocas ciudades en donde, durante los fines de semana, puede uno toparse con atascos de tráfico a las cuatro o las cinco de la madrugada. Los taxis hacen un gran negocio a esas horas y, si uno repasa la lista de cualquier guía lúdica de la ciudad, se dará cuenta de que hay locales abiertos donde se puede comer cualquier cosa a cualquier hora después de las doce. Hay comercios que mantienen abierto su negocio durante toda la noche y el metro es uno de los que más tarde cierra en Europa.

Entrada de una moderna discoteca de Madrid.

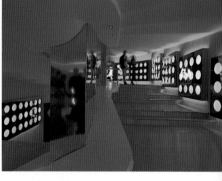

La noche tiene sus reglas y sus zonas. La Gran Vía, un área comercial y brillante durante el día, se vuelve después del atardecer sórdida y pecaminosa; en Argüelles se concentra la movida estudiantil; la típica plaza de Santa Ana y Huertas es zona turística, repleta de cafés, teatros, cervecerías, y en la zona del norte de la Castellana hay alterne fino con chicas de barra y numerosos *top-less*. Malasaña es juvenil y amiga de lo heterodoxo; Chamberí es de taberna y partidas de mus hasta la madrugada en locales de luz mortecina, y cientos de pubs, cafés y bares de tapas se reparten entre Bilbao y Alonso Martínez. El tramo central de la Castellana, entre Emilio Castelar y Colón, a derecha y a izquierda, es *chic,* de precios altos por copa y una rutilante exhibición de la posmodernidad en el diseño. Y así... el cuento de nunca acabar. ◆

Javier Martínez Reverte

3. El gran Paseo del Arte

Un recorrido de apenas diez minutos permite al paseante disfrutar de los tres grandes centros de arte de la ciudad: el Museo del Prado, el Museo Thyssen-Bornemisza y el Museo Reina Sofía.

Durante mucho tiempo, Madrid ha sido considerada, junto a otras capitales europeas del estilo de Amsterdam, una de las metrópolis con mayor animación nocturna del viejo continente. Sin embargo, Madrid no sólo vive de noche. Las mañanas se pueden reservar para disfrutar del enorme patrimonio artístico y cultural que encierra la ciudad. No hablamos sólo de edificios y monumentos: también de museos, que suman en Madrid más de veinticinco.

Los incondicionales de la moda pueden sentirse complacidos paseando entre las vitrinas del Museo del Traje, los amantes de la numismática encontrarán su sitio en la Casa de la Moneda, los más pequeños disfrutarán en el Museo de Cera o en el Museo de Ciencias Naturales... Aquí hay sitio para todos.

Pero, sin duda, los que mayor número de visitantes concitan a lo largo de todo el año son los tres grandes reclamos culturales de la ciudad. Hablamos del Museo del Prado, el Museo Thyssen-Bornemisza y el Museo Nacional Centro de Arte Reina Sofía, que forman el denominado Paseo del Arte de Madrid. En tan sólo unos metros, el aficionado al arte puede pasar de contemplar *Las Meninas* de Velázquez a sobrecogerse con el *Guernica* de Picasso o descubrir *Les Vessenots en Auvers* de Van Gogh. Y es que el Paseo del Arte es un itinerario único en el mundo que discurre en torno al paseo del Prado. Los fondos de los tres museos reúnen la mayor concentración de obras maestras de la pintura y la escultura desde la Edad Media hasta nuestros días. Y todo ello, a sólo diez minutos caminando por un agradable bulevar, ordenado construir por el rey Carlos III, en el que se sitúan algunos otros símbolos indiscutibles de Madrid, como son las fuentes de Cibeles y Neptuno.

El Museo del Prado, en realidad, tendría que haber sido un Gabinete de Historia Natural. Así lo quería el rey Carlos III cuando, en 1785, encargó su construcción al arquitecto Juan de Villanueva. El inmueble –de forma alargada, rematado por dos cubos y con una construcción de planta basilical en el centro– albergó, finalmente, la colección de pintura de Fernando VII, monarca que ordenó finalizar las obras comenzadas por su predecesor, paralizadas con motivo de la Guerra de la Independencia. Desde el día de su inauguración, el 19 de noviembre de 1819, el museo ha sido sometido a diversas ampliaciones para acoger la gran cantidad de obras que, durante este tiempo, ha ido acumulando. Las primeras remodelaciones tuvieron lugar en los inicios del siglo XX. Aunque, sin duda, la decisión más importante en este sentido fue la de actualizar, en 1971, un antiguo salón de baile del rey Felipe IV para convertirlo en edificio anexo a la pinacoteca. Es el Casón del Buen Retiro, que en 2006 deja de ser la parte más nueva del Prado. Ese privilegio le corresponde al edificio en forma de cubo ideado por el arquitecto Rafael Moneo en torno al antiguo claustro de la cercana iglesia de los Jerónimos, unido a la sede original a través de una extensa área bajo rasante.

El Museo del Prado está considerado como una de las pinacotecas más importantes del mundo, con más de 8.000 cuadros y 700 esculturas, de las que sólo se exhibe en la actualidad una pequeña parte. Cuenta con una importante colección de pintura de los siglos XVI y XVII y con obras de autores de la talla de El Bosco, Tiziano, El Greco, Rubens y Fra Angélico, entre otros. Con todo, es su valiosa colección de pintura española su mayor tesoro. Aquí es posible admirar desde *Las Meninas* o *Las Hilanderas* de Velázquez hasta las pinturas negras de Goya. Además, el Prado realiza durante todo el año excelentes exposiciones temporales que atraen a numerosos visitantes.

Durero, Caravaggio, Gauguin, Van Gogh, Klee, Hopper... Son sólo algunos de los grandes maestros de la pintura universal cuyas obras pueden contemplarse en el palacio de Villahermosa, sede en España de la Fundación Colección Thyssen-Bornemisza. En él se cobijaban, hasta 2005, un total de 800 cuadros reunidos por el barón Heinrich Thyssen y, sobre todo, por su hijo Hans Heinrich. En ese año se inauguraron nuevas salas que albergan la colección iniciada por la esposa de este último, Carmen Thyssen, compuesta por más de 200 pinturas. El museo sirve de complemento perfecto al Prado, ya que dispone de obras representativas de otras épocas: primitivos italianos, pintura holandesa del siglo XVII, expresionismo alemán, abstracción geométrica y Pop Art. Uno de los puntos fuertes de la pinacoteca lo constituyen los retratos, entre los que destaca el de Giovanna Tornabuoni, realizado por Domenico Ghirlandaio,

Nuevo edificio del Museo Thyssen.

convertido en símbolo del museo. Entre las obras maestras que reúne sobresalen, entre otras, *Santa Catalina*, de Caravaggio, *El hombre del clarinete*, de Picasso, y *La pintura de tres manchas*, de Kandinsky. Pero el Museo Thyssen aún tiene otro aliciente más, ya que durante los meses de julio y agosto se convierte en espacio donde disfrutar de mágicas veladas en su restaurante-terraza El Mirador, con estupendas vistas sobre la ciudad.

Cierra el triángulo artístico del Paseo del Arte el Museo Nacional Centro de Arte Reina Sofía —el Reina, para los madrileños—, que en los últimos meses ha visto duplicado el número de visitantes que acuden a ver sus obras y exposiciones. ¿El motivo? Su novedosa ampliación, realizada por el arquitecto Jean Nouvel. El proyecto de renovación ha permitido aumentar la superficie del museo en más de 25.000 m², un 60 % más que la que disponía en el Antiguo Hospital General de Madrid, obra de Francisco Sabatini, que fue transformado en 1992 en este gran centro de arte. La misión principal del Reina Sofía es mostrar al público las vanguardias artísticas del panorama internacional y dar a conocer el arte español de nuestros días. Obras de Juan Gris, Miró, Dalí (*El gran masturbador*), Pablo Gargallo, Tàpies o Chillida compiten cada día con uno de los principales reclamos turísticos y artísticos de Madrid: el *Guernica* de Picasso, trasladado a este centro en 1992 desde el Casón del Buen Retiro. Las exposiciones temporales del museo reúnen a gran cantidad de gente interesada en descubrir el arte más moderno y disfrutar de las nuevas instalaciones. No sólo de las salas recién inauguradas, sino también del auditorio, la biblioteca, la librería y el siempre concurrido Arola Madrid, el restaurante abierto allí mismo por el famoso cocinero Sergi Arola, propietario de otro restaurante en la ciudad, La Broche, que cuenta con dos estrellas en la *Guía Michelin*. ◆

Silvia Roba

Centro de Arte Reina Sofía.

4. Madrid, corazón verde

*Madrid cuenta con 250.000 hectáreas verdes
repartidas entre jardines y parques.
El preferido por los madrileños es El Retiro,
lugar de descanso dominical por excelencia.
Pero otras grandes joyas proporcionan
aire puro a la ciudad.*

Según las últimas estadísticas, Madrid es la segunda ciudad del mundo con mayor número de árboles de alineación –248.000 ejemplares–, sólo superada por Tokio. No resulta exagerado afirmar, por tanto, que ciudadanos y turistas pueden disfrutar de una zona verde cada quince minutos caminando. Aun así, son los parques y jardines de la ciudad los que constituyen el auténtico pulmón de la metrópoli, demasiado monopolizada por las prisas. Entre todos ellos es el parque del Buen Retiro el preferido por los madrileños, sobre todo durante los fines de semana. Masajes al aire libre, recitales de música clásica, cuentacuentos, clases de *tai chi*, paseos en barca... El que fuera lugar de recreo de la familia real en el siglo XVII es hoy un espacio abierto a todos, en pleno centro, entre las calles de Alcalá, O'Donell, Menéndez Pelayo, Poeta Esteban Villegas y Alfonso XII.

Los orígenes del parque del Buen Retiro se remontan al año 1630, cuando el conde-duque de Olivares, ministro del rey Felipe IV, pensó que los monarcas debían disponer de un lugar de "retiro" donde descansar de sus actividades sociales y políticas. Hasta esa fecha, los terrenos donde hoy se ubica el parque eran campos de labor con alguna que otra ermita y un monasterio, el de San Jerónimo el Real. El conde-duque adquirió otra finca adyacente, mandó arreglar el lugar y decidió darle al conjunto un poco de imaginación. El Retiro fue inaugurado la noche de San Juan de 1631, con un palacio real en su interior, un estanque, lagos y hasta una casa de fieras. En el siglo XVIII los Borbones añadieron su particular granito de arena sugiriendo la construcción de la Fábrica de la China y el Observatorio Astronómico. Prácticamente todo fue devastado durante la Guerra de la Independencia. Lo único que se salvó fue el Salón de Reinos, el Casón del Buen Retiro y un árbol centenario, un ejemplar de ahuehuete traído de México que todavía se puede admirar en el Parterre (entrada por Alfonso XII).

Fue Fernando VII quien decidió restaurar el parque con nuevas plazas, jardines y monumentos, y dejar que los vecinos de Madrid pudieran disfrutar de una parte del mismo. Durante el Sexenio Revolucionario (1868-1874) fue nacionalizado y, desde entonces, es el lugar de esparcimiento de cuantas personas viven o visitan la ciudad. Son muchos los símbolos que lo habitan. Entrar por la puerta de Mariana de Neoburgo (frente al Casón del Buen Retiro) es todo un placer, ya que da acceso al elegante Parterre. Otros puntos de interés son la Casa de Vacas, la Montaña Artificial, el palacio de Cristal y el de Velázquez —en los que se realizan exposiciones—, sus fuentes —de la Alcachofa, de los Galápagos—, el monumento a Alfonso XII que preside el estanque, los jardines de Cecilio Rodríguez —en honor del que fuera Jardinero Mayor de la Villa—, el quiosco de música y el monumento al Ángel Caído, obra en bronce de Ricardo Bellver, que representa a Lucifer expulsado del Paraíso. El esoterismo y las ciencias ocultas también tienen su particular espacio en el parque. Cualquiera puede averiguar su futuro gracias a los videntes que leen las cartas o las líneas de la mano frente al gran estanque, en cuyas escaleras estudiantes, familias y ejecutivos descansan tomando el sol en cuanto hace buen tiempo. En el mes de mayo, El Retiro acoge la Feria del Libro de Madrid en el paseo de Coches. En las inmediaciones, los castaños dan sombra a terrazas donde la charla distendida y la lectura se convierten en protagonistas.

Además del parque del Retiro, otros son los espacios verdes de la ciudad que ostentan un importante peso en la historia de Madrid. Uno de ellos es el Real Jardín Botánico, que en 2004 celebró su 250 cumpleaños con nuevas instalaciones. Situado entre el paseo del Prado y Atocha, fue construido en diferentes niveles en estilo neoclásico a instancias del rey Carlos III. El Jardín cuenta con 30.000 especies vegetales procedentes de todo el mundo, por entre las que resulta especialmente agradable pasear.

Estanque de El Retiro, uno de los lugares más visitados y retratados de la capital.

14

No menos estimulantes son los tres jardines que rodean el Palacio Real de Madrid. El Campo del Moro, los jardines de Sabatini y los de la plaza de Oriente constituyen un triángulo "verde" delicado y elegante, que encuentra un complemento perfecto en los jardines del Descubrimiento, en torno al templo de Debod, un auténtico templo egipcio del siglo II a.C. que, en sus orígenes, se encontraba en una de las orillas del Nilo. El parque de la Montaña, como así se conoce, cuenta con 59.500 m^2 de jardines. La Rosaleda, en el parque del Oeste, completa este recorrido verde por el centro histórico de Madrid con un especial aroma, ya que está formado por más de 12.000 variedades de rosales, con flores de muy diferentes fragancias y colores.

Si bien no tienen la misma fama que los anteriores, Madrid ofrece, además, dos pequeñas grandes joyas: el parque de la Quinta de los Molinos, en el barrio de Suanzes, con un pequeño lago y un precioso puente de comienzos del siglo XX, y el parque del Capricho. Este último, en la Alameda de Osuna, fue fundado por la duquesa de Osuna e inaugurado en 1839. Con tan sólo 14 hectáreas, es otro de los favoritos de los madrileños. En él se dan cita tres tipos de jardín –francés, inglés e italiano– que dan al conjunto un aire muy romántico. Hay lilas, cipreses, robles, pinos... Aunque hablar de pinos en Madrid siempre nos trae a la memoria la Casa de Campo, creada en 1560 por Felipe II como coto de caza. En sus 1.800 hectáreas el paseante se puede encontrar con castaños, encinas, robles, sauces... y un lago artificial frente al que se puede disfrutar de un magnífico atardecer, sólo comparable al que se obtiene en el jardín de las Vistillas, con la sierra de Guadarrama de fondo. ◆

Silvia Roba

5. Las últimas tentaciones

Degustar un brunch a la una, comer en un restaurante de moda, asistir a un musical, cenar en un museo... Así es el día a día de los habitantes de Madrid, una ciudad abierta más que nunca a las nuevas tendencias.

No es el Broadway de Nueva York ni el West End londinense, pero la Gran Vía madrileña lleva unos cuantos años haciendo méritos para convertirse en la gran avenida del espectáculo de Madrid. En realidad siempre lo fue: los cines de esta avenida son los que mayor público concitan los fines de semana. Sin embargo, la moda ahora es otra. Desde que en 1997 Paloma San Basilio y José Sacristán interpretaran en el Teatro Lope de Vega *El hombre de La Mancha,* muchas cosas han cambiado en la ciudad. Una de ellas es el gusto por el gran espectáculo, heredero directo del concepto anglosajón, que poco a poco va calando entre un público exigente, que ya ha podido gozar de superproducciones que han triunfado en todo el mundo. *Cats, El fantasma de la ópera, Mamma mia!, Víctor o Victoria, Fama...* se mezclan en la cartelera con otros montajes igual de ambiciosos pero de fabricación nacional.

Estos aires de modernidad que salpican la Gran Vía también se pueden vislumbrar en otros aspectos de la vida diaria del madrileño, adaptado más que nunca a ciertas costumbres hasta ahora poco habituales en nuestro país. Una de ellas es el *brunch,* la actividad social más en boga un domingo a mediodía. Muchos son los restaurantes que han flexibilizado su horario para ofrecer ese medio desayuno-medio almuerzo inventado por los neoyorquinos a finales del siglo XIX para suavizar las resacas. Pionero en Madrid fue el hotel Ritz, que sirve un *brunch* en el que no falta de nada: marisco, carpaccio, *sushi...* El último en apuntarse a esta tendencia es el Urban, un hotel moderno donde los haya que ofrece en su *glass bar* una sugerente carta de mediodía con música *jazz* de fondo. Es, quizás, la mejor forma que tienen los madrileños de prolongar la noche, que discurre ahora entre clubes y coctelerías en invierno y terrazas —no hay que perderse las del paseo de la Castellana— en verano.

Los hoteles también se apuntan a robar protagonismo a los tradicionales bares de copas. El Hard Rock de la plaza de Santa Ana, con fecha de inau-

Edificio El Mirador, en Sanchinarro.

guración en verano de 2006, piensa hacerse con gran parte de la clientela que habitualmente se deja ver por la zona de Huertas, también conocida como el Barrio de las Letras.

La peatonalización de este barrio es una de las grandes apuestas de Madrid, que, en los últimos tiempos, ha ido perdiendo su algo cansina imagen castiza en favor de las vanguardias. A comienzos de 2006, el MOMA de Nueva York dedicó una amplia exposición a la *Nueva arquitectura en España*, para la que fueron seleccionadas tres obras sociales madrileñas: dos bloques de viviendas, uno en Carabanchel y otro, conocido como El Mirador, en Sanchinarro, y la Caja Mágica, en el parque del Manzanares.

Pero, además de estos edificios, destacan otros de especial interés, como son la Maternidad de O'Donell –firmada por Rafael Moneo, encargado también de la ampliación del Museo del Prado–, la nueva terminal del aeropuerto de Bara-

El diseño vanguardista caracteriza la nueva terminal T4 del aeropuerto de Barajas.

jas –del estudio de Carlos Lamela–, o el nuevo Museo Reina Sofía, obra de Jean Nouvel, arquitecto francés que también es responsable de la llamativa fachada del Hotel Puerta de América, en el que cada una de sus plantas ha sido realizada por un diseñador o arquitecto de renombre internacional, entre ellos cinco premios Pritzker. Su restaurante, Lágrimas Negras, tiene todavía poco rodaje, pero espera competir con las otras grandes mesas instaladas en otros importantes hoteles de Madrid. La Broche de Sergi Arola en el hotel Miguel Ángel, El Chaflán de Juan Pablo de Felipe en el Aristos, el Santceloni de Santi Santamaría en el Hesperia..., una moda sólo comparable al último grito de Madrid: cenar en un museo. El Reina Sofía, el Thyssen y el Museo del Traje tienen mucho éxito. El mismo que los orientales: imposible ya contar el número de japoneses, chinos y tailandeses que abren sus puertas en la ciudad. ◆

Silvia Roba

6. Un domingo en el Rastro

*El mercado al aire libre más popular
de Madrid es un hervidero de gente todos los
domingos por la mañana. Un auténtico zoco
multicultural donde revivir la esencia
más castiza de la ciudad.*

Llaves, cerraduras, ventiladores oxidados, cromos, tebeos. Candelabros, bolsos de cuero, pañuelos, ropa de segunda mano. Espejos, zapatos, tocadiscos. Casetes, carteles de cine, libros. Monedas, sellos, cuadros. Bullicio a todas horas. Bienvenidos al Rastro.

La zona que bordea la Ribera de Curtidores, en pleno centro histórico de la ciudad, es lo más parecido a un zoco árabe. Una riada de turistas y habituales se pasea cada domingo por la mañana entre multitud de vendedores ambulantes que, desde el mismo suelo o desde pequeños puestos, tratan de vender al mejor postor –el regateo está permitido– viejas reliquias rescatadas de algún baúl o, quizás, objetos de primera mano a mejores precios que en cualquier tienda de Madrid. Hay que madrugar para dejarse llevar y participar de este particular viaje que debe comenzar en la plaza de Cascorro para seguir después, entre algún que otro empujón, por sus calles aledañas: Toledo, Embajadores, Ribera de Curtidores, Ronda de Toledo, San Cayetano –la de los pintores–, Mira el río...

El Rastro es el mercado al aire libre más popular, por el que todo el mundo se asoma siempre que puede para descubrir esa otra ciudad ajena a los grandes edificios, las prisas, el estrés. Comprar no es obligatorio. Basta con echar un vistazo a las mercancías, jugar a encontrar el objeto más curioso en este especial laberinto donde tiempo atrás abrían sus puertas el matadero municipal y las tenerías donde se curtía la piel de las reses. Hoy, los domingos y festivos, se dan cita en él más de mil vendedores ambulantes que expo-

En el Rastro se puede encontrar casi cualquier tipo de objeto.

El Rastro de Madrid congrega cada domingo a una multitud de compradores y curiosos.

nen sus artículos desde las nueve de la mañana. Un lugar que alcanza su punto álgido a las doce del mediodía, esa hora "maldita" en la que la salir del metro de Tirso de Molina e intentar abrirse paso hasta la puerta de Toledo parece misión imposible. No hay más gente en ningún otro lugar.

Observando su fisonomía actual no resulta difícil retroceder con la imaginación por el túnel del tiempo. Allá por el siglo XVIII el área que hoy ocupa el alegre zoco dominical era escondrijo de pícaros y truhanes que también intercambiaban todo tipo de objetos. Así queda recogido en algunos libros de la época: "Allí, en confuso montón, aparecen revueltos un uniforme de miliciano y una vajilla desportillada, el retrato del duque de la Victoria y un capuchón de carnaval, una mantilla de casco y un espadachín del siglo XVIII; por eso el padre de familia, el comediante casero, la mujer hacendosa y el anticuario encuentran siempre en el Rastro algo que puede remediar sus necesidades de satisfacer sus aficiones".

Tras el paseo y las compras, los madrileños tienen muy claro cuál es la mejor forma de concluir una jornada en el Rastro. Irse de tapas. Una copa de vino, cerveza o vermú de grifo..., y buenas barras surtidas de pequeños manjares. Y es que toda la zona está repleta de buenas direcciones donde dejarse seducir por la más castiza de las costumbres. La mejor forma de coger fuerzas para comenzar la semana. ◆

Silvia Roba

7. Grandes citas del calendario

*Desde la verbena de la Paloma hasta
la popular manifestación del Orgullo Gay.
Desde los chotis en San Isidro hasta las
representaciones internacionales en
Los Veranos de la Villa. Desde Arco hasta
Fitur. Madrid refleja sus inquietudes
en las grandes fiestas y ferias.*

Madrid, 15 de mayo, siete de la tarde. Suenan los clarines, los toreros comienzan el paseíllo. Es el día grande de Madrid, el día de San Isidro, el santo patrón en honor al cual se celebra una de las ferias taurinas más importante del mundo. El corazón más castizo aflora en los trajes de chulapos y chulapas, los mantones de Manila, los claveles reventones en el pelo. Antes, probablemente, muchos de los asistentes a la esperada corrida de toros hayan pasado la mañana en la romería que se celebra en la pradera de San Isidro. A las doce en punto la Real Colegiata de San Isidro ofrece la Misa Mayor. Tras la Eucaristía, el arzobispo de Madrid sale al exterior para bendecir las aguas de la fuente. Después, todo es fiesta...

San Isidro (1082-1172) nació y vivió en Madrid. Era un hombre devoto y trabajador. Según cuenta la tradición, un día, mientras oraba, dos ángeles "tomaron prestado" su arado y le labraron la tierra. También cuenta que su hijo cayó a un pozo que él mismo construyó, pero no se ahogó: por intercesión divina fue devuelto al brocal sano y salvo, después de elevarse el nivel del agua y quedar el niño flotando.

La oferta de espectáculos de la capital es abundante, así como la asistencia del público.

No es éste el único santo por el que sienten profunda devoción los madrileños. A pesar de que es la Almudena la patrona oficial, muchos vecinos de la capital son mucho más devotos de la Virgen de la Paloma. Al menos en verano, la semana del 15 de agosto, cuando los barrios de Latina y Lavapiés estallan en unas fiestas muy populares, donde quien más y quien menos se atreve a bailar el tradicional chotis en alguna de las muchas verbenas.

Junto a estas fiestas de sabor añejo, la ciudad se abre también a las nuevas tendencias. Durante los meses de octubre y noviembre tienen lugar en los escenarios más importantes representaciones, conciertos y actuaciones de grandes figuras de la danza, el teatro y la música del panorama nacional e internacional. Es el Festival de Otoño, que encuentra su complemento perfecto en el ya consagrado Festival de Jazz de Madrid, en el mes de noviembre, o en Los Veranos de la Villa, que tiene lugar en julio y agosto. Esta propuesta estival incluye desde recitales de música clásica a actuaciones de grupos musicales de diferentes culturas, pasando por sus aplaudidas veladas flamencas al aire libre en un escenario de excepción: los jardines de Sabatini, junto al Palacio Real. Una experiencia única.

Si la cultura encuentra su sitio en verano y en otoño, el ocio sale a la calle cuando lo manda el calendario. En febrero, claro, para celebrar el Carnaval, que en Madrid es más bien de pequeñas dimensiones. Su cabalgata, con carrozas y desfiles, es realmente espectacular, aunque salga perdiendo en comparaciones con la de los Reyes Magos, el cinco de enero (con salida en el parque del Retiro) y la del Orgullo Gay, en junio, que culmina siempre en la Puerta del Sol y poco o nada tiene que ver con esas fiestas castizas que tanto gustan en la capital. Son manifestaciones de un Madrid más cosmopolita, abierto a todos y a todo, que cada vez apuesta más por las vanguardias.

Esa apertura de Madrid en busca de nuevos horizontes con los que alimentar su cultura se ve incrementada por la extensa oferta de ferias que se realizan en distintos grandes centros de la ciudad, sobre todo en el Palacio de Congresos de la Castellana, el Parque de las Naciones y el recinto ferial de IFEMA. Este último acoge, entre otras, la Feria Internacional de Arte Contemporáneo (ARCO) –una ventana a las últimas tendencias artísticas– y la Feria Internacional de Turismo (FITUR), una de las ferias más importante del sector turístico en todo el mundo. ◆

Silvia Roba

Las actividades culturales también se dan cita en la calle.

8. Un toque de glamour

Madrid acoge en apenas tres calles los escaparates más exclusivos, donde se exhiben las últimas colecciones de los diseñadores de mayor prestigio internacional.
Es la Milla de Oro del barrio de Salamanca.
Una auténtica pasarela de moda.

El último en llegar ha sido el canario más deseado por las grandes damas, Manolo Blanick, el rey de los zapatos. Su tienda de la calle Ayala se ha convertido en uno de los mayores reclamos turísticos de esta ciudad que últimamente se promociona en el resto del mundo como el gran centro comercial del sur de Europa. ¿Puede Madrid competir con ciudades como París o Milán? La respuesta es sí. A falta de una place Vendome donde adquirir joyas, Madrid se inventó hace unos años su cada vez más famosa Milla de Oro.

Entre la gran diversidad de tiendas que se hallan en la llamada "Milla de Oro", son las de prendas de vestir las que más se encuentran, además de zapaterías, joyerías, tiendas de decoración...

Si el Paseo del Arte encierra en su contorno museos, esta milla esconde entre sus límites las tiendas más lujosas, los escaparates más llamativos, los maniquíes, de señora y caballero, mejor vestidos de España. La situación en el mapa de este particular triángulo dorado se corresponde con el barrio de Salamanca, sobre todo el recorrido que transcurre entre las calles de Velázquez, José Ortega y Gasset y Serrano, considerada esta última una de las más caras y exclusivas de todo el planeta. El metro cuadrado cuesta tanto como algunos de los relojes que se exhiben sin pudor entre vitrinas de cristal y sofisticadas sedas. Suárez, Carrera y Carrera, Wempe y Bulgari compiten en alta joyería, exhibiendo brillantes y diamantes perfectamente iluminados para llamar la atención de potenciales clientes. Cartier (Serrano, 50) avala su gran nombre con sus famosos gabinetes secretos –un salón y una biblioteca– donde la firma de la pantera vende sus piezas más exclusivas. Un "reservado" muy especial frecuentado por lo más granado de la *jet set* madrileña.

En cuestión de modas, la calle José Ortega y Gasset parece una pasarela de alta costura. En tan sólo unos metros podemos pasar del habitual toque sexy de Versace a la elitista propuesta de Hermès y Dolce&Gabbana, con sus elegantes complementos, para acabar recalando en Chanel y sus nuevas colecciones. Giorgio Armani, Valentino, Louis Vuitton... todo aquí queda cerca.

Este recorrido *in* por Madrid no se olvida de nuestros diseñadores más internacionales. Para ellos, conseguir abrir una tienda en alguna de estas calles o sus colindantes (Claudio Coello, Jorge Juan, Ayala) es su sueño más deseado. Sueño que ya han cumplido Adolfo Domínguez, Roberto Verino, Amaya Arzuaga –la diseñadora española más conocida en Londres– o Felipe Varela, cuyos trajes de chaqueta son exhibidos una y otra vez por la mejor modelo posible para él, la princesa doña Leticia, futura reina de España.

El lujo del barrio –creado a mediados del siglo XIX por el marqués de Salamanca, del que toma el nombre– no sólo se deja sentir en las tiendas. También en algunos centros comerciales, donde la calma domina a las prisas en contraste con lo que ocurre en otros centros más populares. Uno de ellos es el Jardín de Serrano, que abre sus puertas, a pesar de su denominación, en la calle Goya. El otro es el ABC de Serrano, donde la modernidad del complejo se funde con la historia del edificio, que fue sede hasta 1989 de Prensa Española, empresa editora del periódico *ABC* y el dominical *Blanco y Negro*.

Una curiosidad para *shopping*-adictos: Victoria Adams y su esposo, David Beckham, el idolatrado futbolista del Real Madrid, son *fashion victims* de nivel. ¿Sus tiendas favoritas? Dolce&Gabbana, Gucci, Versace, Delitto e Castigo... Buscarlos en ellas es uno más de los atractivos de esta Milla de Oro. Puro *glamour*. ◆

Silvia Roba

9. Tabernas con tradición

Llevan más de un siglo sirviendo chatos de vino, vermú de grifo, callos, croquetas. Las viejas tabernas de Madrid continúan fieles a su tradición. Son los mejores testigos de la historia de la ciudad.

El centro histórico de Madrid esconde entre sus calles comercios que cuentan con más de un siglo de vida. Son pastelerías, farmacias, mercerías y, sobre todo, tabernas y tascas que parecen haberse mimetizado con su entorno. Sin haberse adaptado a los nuevos tiempos, con los mismos muebles y la misma forma artesana de hacer las cosas, han conseguido sobrevivir varias generaciones sin modificar su aspecto exterior. Tampoco el interior. Cuentan las viejas crónicas que ya durante la Edad Media las tabernas eran todo un negocio. El más próspero de Madrid. El preferido por las clases más humildes de la sociedad. Su público más fiel acudía a ellas para intercambiar comentarios y beber vino. La cerveza tardó más tiempo en calar entre la población. A pesar de que fue introducida durante el reinado de Carlos I, no fue hasta bien entrado el siglo XIX cuando empezó a ser solicitada en las barras de forma habitual.

Es muy fácil encontrar tabernas con el tipismo de antaño, especialmete en el centro de la ciudad.

Las tabernas de ayer no eran como las de hoy. Aquéllas constaban de tres espacios diferenciados: el mostrador a la entrada, la trastienda –con mesas y sillas para los clientes– y el sótano, donde el vino se mantenía a buena temperatura. Las fachadas casi siempre eran de color rojo, tal y como se aprecia en las que aún se mantienen abiertas en la zona centro de Madrid. Era la forma que tenían los propietarios de diferenciar sus establecimientos de otros en los que no se vendía vino. En realidad, las primeras tabernas sólo estaban autorizadas a vender licores, no a consumirlo. Para eso estaban los mesones, donde además se servía el plato del día. ¿Los más populares? Los de la zona del Arco de Cuchilleros, en la Plaza Mayor. Con el transcurrir de los años, las tabernas fueron ampliando horizontes, fundiendo su actividad original con otras más típicas de las cervecerías y cafeterías, o incluso de los restaurantes de épocas posteriores.

Un recorrido con sabor a nostalgia debe pasar siempre por Casa Alberto (Huertas, 18), instalada en el mismo solar que una de las casas donde vivió Cervantes. Lleva funcionando casi 200 años y no ha perdido un ápice de su sabor. Su decoración nos permite rememorar antiguas historias, algo que también se consigue contemplando el clásico mostrador de zinc de La Torre del Oro (Plaza Mayor, 26), sobre el que el tabernero apuntaba los chatos de vino que sus clientes iban pidiendo. Otros referentes de la historia del viejo Madrid son Valle del Tiétar (Travesía de Bringas, 5) y Casa Labra, que desde 1860 no ha parado de servir sus dos grandes especialidades: croquetas y tajadas de bacalao. Otros establecimientos con tradición son La Tía Cebolla (callejón del Gato), La Dolores (calle Medinaceli) o La Fontana de Oro y la Cervecería Cruz de Malta, ambas en la calle Victoria.

Otro histórico de Madrid es Casa Ciriaco (Mayor, 84). En 1917, Ciriaco Muñoz rebautizó la antigua botillería Casa Valiña, famosa por ser el lugar desde el que Mateo Morral lanzó una bomba contra el rey Alfonso XIII en 1906. Convertida hoy en taberna-restaurante, es casi un museo. De la misma época –abrió en 1903– es la Casa Viuda de Vacas (Cava Alta, 23), fiel a su cocina de carbón y ambiente familiar. Su especialidad es el rabo de toro, aunque tienen éxito otros platos no menos castizos como los callos, que para cocidos ya están La Bola (Bola, 5), desde 1870, y la Taberna Malacatín (Ruda, 5), abierta en 1895. Dos últimas direcciones: El Anciano Rey de los Vinos (Bailén, 19) y la Taberna de Antonio Sánchez (Mesón de Paredes, 13). Sus buenas tapas y vinos atrajeron a su mostrador a escritores de la Generación del 98, al igual que atraen hoy a un buen número de incondicionales.

Silvia Roba

10. La Sierra y los ríos

Que se sepa, Madrid nunca fue lugar de aguas curativas, pero su primitivo nombre, el **Magerit** *de los árabes, hacía refererencia a la riqueza de sus arroyos y manantiales.*

Muchas ciudades del mundo deben su nombre al agua, como es el caso de las Alhamas españolas y el Baden-Baden alemán, cuyas etimologías se refieren a la existencia bajo su suelo de aguas termales o medicinales. *Magerit* significa "aguas que fluyen", y aunque el aspecto de su río es ridículo y sus más hermosos puentes resultan pretenciosos en un curso tan pobre como el del Manzanares, el casco de la ciudad que ahora vemos era en tiempos pasados un campo borrascoso y feraz donde abundaban los riachuelos.

Hasta el siglo XVIII un arroyo discurría todavía por el paseo del Prado. Madrid era verde, su clima seco y su altura sobre el nivel del mar, 629 m, resultaba vivificadora para la salud. Felipe II la escogió como capital, entre otras razones, porque aquí se curó su padre, el emperador Carlos, de una malaria. Cuando en el siglo XVI se talaron todos sus bosques, a excepción de El Pardo, dejó de ser verde, la tierra perdió feracidad y el clima cambió y se hizo más extremo. El crecimiento demográfico de la ciudad convirtió sus arroyos en apestosos sumideros, y Madrid se hizo famosa por sus malos olores y su suciedad. Volvió a ser una ciudad limpia y salubre cuando el rey Carlos III puso en marcha los primeros servicios de adecentamiento urbano e instaló en la villa la primera red de alcantarillado.

En Madrid se presumió siempre de beber el agua de mejor sabor de España. El Lozoya, un río de la serranía cercana del Guadarrama, aseguraba un suministro que se hizo más que suficiente para la ciudad cuando se inauguró el Canal de Isa-

Sierra de Guadarrama.

bel II. Y aunque los viejos madrileños aseguran que el agua del Jarama no sabe como antaño, la sierra próxima sigue dando a Madrid un agua sabrosa y de gusto muy refinado.

El Guadarrama cierra Madrid por el norte, como si fuera un candado de piedra para las extensas llanuras manchegas que llegan hasta el sur de la ciudad. La sierra del Guadarrama suministra el agua a la urbe, pero es también la responsable de los cielos transparentes que, si olvidamos por un momento la contaminación, han representado tantos pintores. Ese cielo velazqueño de Madrid se purifica con los aires que bajan de la serranía, un aire que, según el antiguo dicho popular, "no apaga un candil, pero mata a un hombre".

En el Guadarrama comienza a nevar en el otoño y pueden verse sus cumbres, todavía blancas, hasta bien entrado el mes de junio. El frío baja a la ciudad cortante y afilado en el invierno, lo que hace suponer que, en siglos pasados, cuando no existían aún las calefacciones, provocaba no pocas pulmonías. Los madrileños siempre llamaron traicionero al aire de su ciudad, aunque ese desamor se compensa en el verano, cuando a las tórridas horas diurnas las aligera la brisa fresca que llega de la sierra al caer la tarde. Madrid, desde las masivas talas del siglo XVI, apenas conoce más estaciones que el invierno y el verano. Su aire puede matar a un hombre mal abrigado, pero en verano podría uno llegar a pensar, con cuarenta grados a la sombra, que sería capaz de encender una vela.

El agua, el cielo y el aire son tres signos emblemáticos de la ciudad. Algunos pintores, como Goya en su lienzo *La pradera de San Isidro,* la han retratado casi como una especie de urbe fantasmal, en una elevación sobre el Manzanares, ceñida por el agua y suspendida en un cielo luminoso y en los brazos del aire.　　　　　◆

Javier Martínez Reverte

VISITA
A LA CIUDAD
DE MADRID

Visita a la ciudad de Madrid

Madrid está situada en el centro peninsular, se encuentra perfectamente comunicada y dispone del más importante aeropuerto de la nación. Es la capital del Estado y su aspecto es el de una dinámica ciudad que cuenta con una vigorosa vida tanto en el ámbito de lo económico –es el centro financiero del país–, como de lo cultural gracias a las numerosas instituciones y medios que alberga en su seno. ◆

Planificación de la visita

Se sabe que una buena parte de los visitantes que acuden a Madrid lo hacen con un interés primordial: la visita a la que es, con toda probabilidad, la primera pinacoteca del mundo, el **Museo del Prado**. Entre las páginas 31-48 se describen las principales joyas del museo siguiendo un criterio cronológico. El completo plano del museo que aparece en las páginas 36-37 será de gran utilidad para el visitante.

A continuación se proponen varios itinerarios por distintas zonas de la capital, en los que se describen los principales monumentos y lugares de interés: **El Madrid Viejo** (de la página 49 a la 59), **El Madrid del Siglo de Oro** (de la página 60 a la 67), **El Madrid de la Ilustración** (de la página 68 a la 77), **El Madrid moderno** (de la página 78 a la 86), **El Madrid elegante y futuro** (de la página 87 a la 93) y **Otros lugares de interés** (de la página 94 a la 99). En la guarda trasera, y en las páginas 32-33, aparece un **plano** en el que figuran los monumentos descritos en los itinerarios.

La letra y el número que figura entre paréntesis después del nombre de cada monumento o lugar de interés, por ejemplo, **plaza de Oriente** (C2), indica el cuadrante del plano en el que está dicho monumento.

Las estrellas (★ o ★★), al lado de los epígrafes, hacen referencia, respectivamente, a su importancia (**plaza de la Villa**★) o especial interés (**Palacio Real**★★). ◆

SIGNOS CONVENCIONALES EN LOS PLANOS

▮ Edificios de interés turístico

▯ Parques y jardines

ℹ Información turística

Ⓟ Aparcamientos

Museo del Prado★★

La primera pinacoteca de España y, según muchos expertos, del mundo es el Museo del Prado, que se encuentra en el segundo tramo del paseo entre Neptuno y Atocha. El edificio es obra de Juan de Villanueva, proyectada en 1785 y encargada por el conde de Floridablanca para albergar el Gabinete de Historia Natural y Academia de Ciencias, que sería el complemento del vecino Jardín Botánico. Villanueva haría también el Observatorio Astronómico, que se encuentra tras el Botánico en el cerro de San Blas, a la entrada del Retiro, completándose con ello el proyecto típico de la Ilustración de dotar a Madrid con un complejo científico adecuado a su importancia.

Los secretarios de Estado, Aranda y Godoy, menos entusiastas de la ciencia, no fomentaron las obras del actual museo en sintonía con Carlos IV, que se olvidó de las obras civiles y públicas en beneficio de los reales lugares para la Corte.

La invasión francesa convirtió el edificio destinado a Museo de Historia Natural en cuartel de la soldadesca y el Observatorio en polvorín, lo que ocasionó grandes daños a los edificios. Nunca sería el edificio de Villanueva, obra maestra del neoclásico, utilizado para lo proyectado, ya que en 1818 María Isabel de Braganza, esposa de Fernando VII, pensó y decidió que era buen lugar para museo y así se inauguró en 1819.

Los fondos del museo —unas 8.000 obras de las que sólo una mínima parte están expuestas al público— proceden fundamentalmente de las colecciones reales iniciadas por Carlos I y enriquecidas por Felipe II, los restantes austrias y Felipe V y los sucesivos Borbones. Es de destacar que ni una sola de las obras de las colecciones reales procede de la requisa, saqueo o incautación durante guerras de ocupación, como suele ser frecuente en otros museos europeos.

El Estado también llevó al museo muchas obras de conventos e iglesias, a raíz de la desamortización de Mendizábal, y, más recientemente, una política de compras ha procurado llenar vacíos en la colección.

El museo, tras la ampliación de 2006, está formado por varios edificios. En el palacio de Villanueva se aloja la casi totalidad de los fondos; el nuevo edificio de Moneo, levantado en torno al claustro de los Jerónimos, alberga, entre otras dependencias, un auditorio y una sala de exposiciones; el Casón del Buen Retiro se destina a Centro de Estudios; y el Salón de Reinos, antigua sede del Museo del Ejército, que se traslada al Alcázar de

Exterior del Museo del Prado.

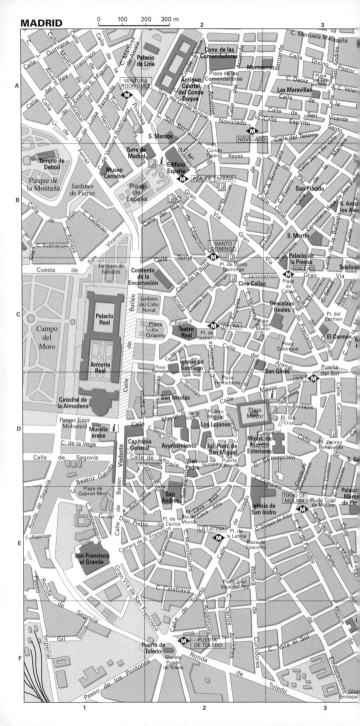

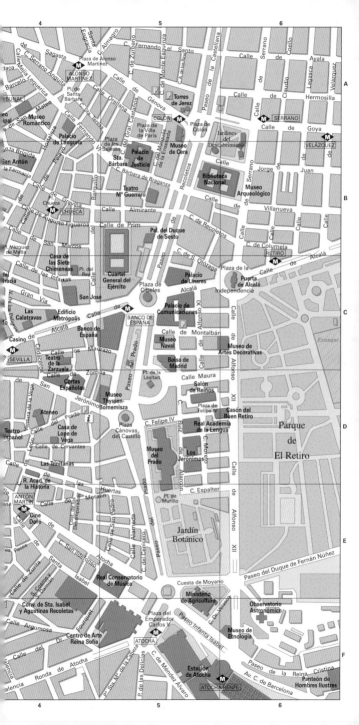

Toledo, se convierte en un nuevo espacio expositivo. Estas ampliaciones y una política de mejoras y cambios, nos aconsejan eliminar del recorrido por el museo toda alusión a la distribución por salas de las obras expuestas. Así pues, lo haremos siguiendo un orden cronológico ya que, sean cuales sean los criterios de distribución en el futuro, las obras siempre estarán agrupadas por artistas y escuelas.

● LOS COMIENZOS: PINTURA ROMÁNICA Y GÓTICA

Iniciamos la visita por el **arte románico español** en dos impresionantes capillas de los siglos XI y XII adaptadas con asombrosa fidelidad a las salas del museo.

Son estas dos capillas románicas de gran importancia: la de San Baudelio de Berlanga, del siglo XI, y la de la ermita de Santa Cruz de Maderuelo, del siglo XII. Ambas pinturas murales se han situado en reproducciones de las capillas originales. Las de San Baudelio están realizadas al fresco y las de Santa Cruz trasladadas a lienzo e instaladas en el Prado en 1947. La capilla de San Baudelio, de estilo mozárabe, estaba en Casillas de Berlanga, provincia de Soria, y las pinturas, que se arrancaron y exportaron a Estados Unidos en 1926, están en depósito indefinido del Metropolitan Museum de Nueva York, que conserva, a cambio y en iguales condiciones, las ruinas de la iglesia de San Martín de Fuentidueña (Segovia).

Visitamos a continuación la pintura española del gótico, el hispano-flamenco y renacimiento: el gótico lineal y el trecentismo están representados por una serie de retablos de gran interés, como el de *San Cristóbal* y el del *arzobispo don Sancho Rojas*, de artistas anónimos.

Del **gótico internacional** tenemos la obra de Nicolás Francés y otros artistas de este tiempo que se caracteriza por una combinación del gótico francés, en lo lineal, y el pictoricismo italiano de la escuela de Siena, que se traduce en cierta monumentalidad combinada con el gusto por el detalle en la observación de la realidad.

El **hispano-flamenco** es un estilo que se produce antes de mediado el siglo XV por la influencia de la pintura nórdica, siendo especialmente poderosa la influencia del modelo flamenco en Castilla y Andalucía. Los lazos comerciales y políticos entre España y Flandes, muy estrechos en este siglo, son determinantes para el estilo. Junto a artistas como Fernando Gallego, Bermejo, Sisla... es muy importante la obra de **Juan de Flandes,** especialmente la *Resurrección de Lázaro*. Juan de Flandes es el seudónimo de un artista de biografía desconocida quien, pese al nombre, es considerado español porque toda su obra conocida la realizó en España.

Viene a continuación la obra de los grandes artistas **precursores del renacimiento español,** con Pedro Berruguete como figura máxima y artistas ya renacentistas e incluso manieristas. Yáñez de la Almedina, Juan de Juanes, Correa, Morales, Sánchez Coello o Pantoja de la Cruz son todos ellos artistas representativos de esta época, renacentista y manierista, que se inicia bajo los Reyes Católicos, se generaliza con Carlos V y termina con El Greco, ya en el reinado de Felipe II.

De la magnífica colección de obras de **Berruguete** que posee el Prado, destacamos la serie de pinturas pertenecientes al retablo de *San Pedro Mártir,* del convento de Santo Tomás de Ávila, y, sobre todo, su *Auto de fe presidido por Santo Domingo de Guz-*

Felipe IV y la pintura

Los cuadros que conserva el Museo del Prado provienen, en su gran mayoría, de las colecciones reales, desde las que poseían los Reyes Católicos hasta las que acumularon los primeros Borbones. Es probable que Felipe IV haya sido el monarca que más ha hecho en España por la pintura. Tildado de débil y caprichoso en los asuntos de Estado, esta debilidad quizá haya sido la causa de que Madrid cuente con la mejor pinacoteca del mundo. Cuando Carlos de Inglaterra, príncipe de Gales, visitó España invitado por Felipe IV en 1623, parece que influyó enormemente en el monarca español, muy joven aún, convenciéndole de las virtudes del arte de la pintura. Felipe, desde entonces, no cesó de acumular lienzos, siendo muy exigente en sus elecciones y sin regatear precios, lle-

gando a ampliar la colección real en más de 2.000 cuadros. Al mismo tiempo, invitó a Rubens a visitar España y compró una buena parte de la obra del que era, por aquel entonces, el más reputado artista europeo. Por otro lado, contrató para sus servicios en la corte a Velázquez, al que pagó también un par de viajes a Italia para que estudiara pintura y, de paso, le resolviera algunos asuntos privados. La historia no ha dejado muy claro si Velázquez pintó tan escaso número de cuadros en su vida porque el rey le exigía ocuparse demasiado de cuestiones burocráticas o porque no le gustaba trabajar en exceso. También fue Felipe IV quien dio permiso al pintor para aparecer autorretratado en el cuadro que representa a su familia, las famosas Meninas, cuadro que hoy no sería el mismo sin Velázquez con su pincel y paleta en las manos.

mán –considerada una de las cien mejores obras del museo–, porque en él podemos apreciar la complejidad tan renacentista de la composición y la minuciosidad de los detalles.

Y de Fernando Yáñez veremos su obra maestra titulada *Santa Catalina* en la que está patente el espíritu de Leonardo da Vinci y, sobre todo, de la *Gioconda*.

Tres *Vírgenes con Niño* tiene el Prado de **Morales,** llamado el Divino, y la catalogada con el número 2.656 es tal vez la más perfecta en cuanto al refinamiento de la técnica y el tra-

tamiento de los colores que destacan los diferentes volúmenes sobre un fondo oscuro y opaco. Una gran espiritualidad es el efecto conseguido. También intimidad y fervor religioso...

● ESCUELA FLAMENCA

Desde la Baja Edad Media, las relaciones de España con los territorios de Flandes fueron muy estrechas y el arte que allí se hacía determinó las tendencias de la pintura española durante mucho tiempo, especialmente en el siglo XV. Luego, los reyes de

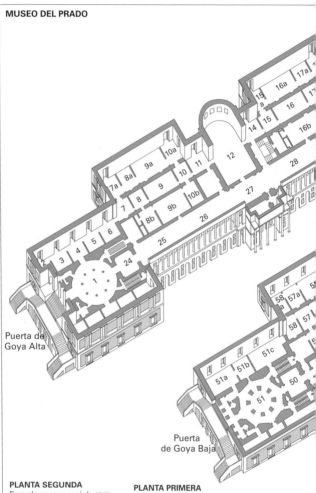

MUSEO DEL PRADO

Puerta de Goya Alta

Puerta de Goya Baja

PLANTA SEGUNDA
Escuela europea: siglo XVIII
  Salas 76 a 84.
Goya. Salas 85 a 94.

PLANTA PRIMERA
Exposiciones temporales. Varias salas.
Escuela española: siglo XVII.
  Salas 1, 16a, 17, 17a, 18, 18a y 24.
Velázquez. Salas 12, 14, 15, 15a, 16 y 27.
Escuela flamenca: siglo XVII.
  Salas 7a, 8, 8a, 8b, 9, 9a, 10, 10a, 10b y 11.
Escuela holandesa: siglo XVII. Sala 7.
Escuelas francesa e italiana: siglo XVII. Salas 2 a 6.
Escuela española: siglo XVIII. Salas 19 a 22.
Escuela española: siglo XIX. Sala 23.
Goya. Salas 32, 34, 35, 36, 37, 38 y 39.

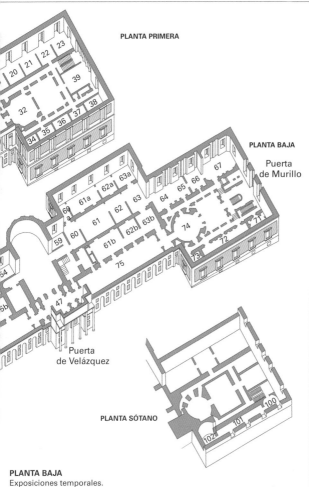

PLANTA PRIMERA

PLANTA BAJA

Puerta
de Murillo

Puerta
de Velázquez

PLANTA SÓTANO

PLANTA BAJA

Exposiciones temporales.
  Varias salas.
Escuela española: pintura medieval. Sala 51c.
Escuela española: siglo XVI. Salas 56, 57, 57b, 59 y 63a.
El Greco. Salas 60a, 61a y 62a.
Escuela flamenca: siglos XV-XVI.
  Salas 55, 55a, 55b, 56a, 57a, 58 y 58a.
Escuela alemana. Sala 54.
Escuela italiana: siglos XIV y XVI.
  Salas 49, 56b, 60, 61, 61b, 62, 62b, 63, 63b y 75.
Escultura clásica y renacentista.
  Salas 47, 64, 65, 66, 67, 71, 72, 73 y 74.

PLANTA SÓTANO
Tesoro del Delfín.
  Salas 100 a 102.

37

España desde Carlos V hasta Carlos II fueron también soberanos, durante casi dos siglos, de los estados flamencos. Todo ello propició un flujo de arte muy intenso entre ambos mundos y también el que las colecciones reales españolas fueran tan ricas en pintura flamenca. Estas obras del Prado son maestras en su gran mayoría y, de algunos artistas, las mejores de su producción.

La pintura flamenca tiene tres etapas en su evolución a lo largo del siglo XV que es la base de la colección del museo: primera, la iniciación, con muchos recuerdos del gótico internacional, del arte de la miniatura; después, los pintores del segundo tercio

Sala de Velázquez.

del siglo XV, que inicia Van der Weyden y etapa en la que se consagran los grandes pintores que ponen las bases del caudal estético de la escuela flamenca; y la etapa de final del siglo que se adentra en el XVI con nombres como David, El Bosco o Patinir, que representan la expansión del estilo y la aportación de sus poderosas personalidades en toda la mitad del siglo XVI. Un ejemplo extraordinario es el *Descendimiento de la Cruz*, de **Van der Weyden.** Se trata de la parte central de un tríptico del que se han perdido las puertas y es una de las obras cumbre del pintor de Bruselas. Fue pin-

tada por encargo para la iglesia de Nuestra Señora de Extramuros alrededor de 1435 y formó parte de la colección de la reina María de Hungría de quien la heredó Felipe II. El dramatismo y realismo que el pintor da a sus escenas religiosas está aquí sublimado al colocar las figuras como en un friso, contra un estrecho fondo dorado sin el escape espacial de algún paisaje.

La obra de Hyeronymus van Aeken Bosch, conocido en España por **El Bosco** es excepcional. Este artista fue muy querido por Felipe II, quien decoraba con nueve de sus obras los aposentos reales de El Escorial. *El jardín de las delicias* es su gran obra maestra además de la más famosa. La tabla de la izquierda nos narra la creación de Adán y Eva: Adán bajo el árbol del drago, símbolo de la vida, y Eva rodeada de animales impuros: sapos, cuervos, conejos y culebras, que simbolizan que con la mujer entra el pecado en el mundo. Sobre esta escena, la Fuente de la Vida y animales creados con el hombre.

En la tabla central, El Bosco ha derrochado toda su imaginación y cultura iconográfica: es la vida terrenal con todos sus placeres carnales exaltados, el pecado y sus delicias, el abandono a la sensualidad... pero también una simbología moralista. Como la pareja de amantes encerrada en una cápsula transparente para indicar la fragilidad del amor carnal...

En medio de esta humanidad, las arquitecturas semi vegetales como castillos de la vanidad y, en el centro, el Estanque de la Lascivia con la Fuente del Adulterio. Debajo de ello, una especie de poza en la que se bañan gentes de varias razas mientras una absurda procesión de humanos y animales gira en su torno. La última tabla alberga una escalofriante visión del Infierno, es decir, el castigo a lo ocurrido en las otras tablas.

El carro de heno y *La adoración de los Magos* son otras dos obras maestras excepcionales de El Bosco y el visitante del museo no debe dejar de contemplarlas con detenimiento. La primera es una alegoría ejemplarizante y satírica de la vida del hombre desarrollada en las tres superficies del tríptico: creación del mundo, pecado original y expulsión del Paraíso; en la tabla central se desarrolla un refrán flamenco que dice: "el mundo es un carro de heno del cual cada uno coge lo que puede".

La adoración de los Magos es una obra de madurez artística. En el centro, la escena de la Adoración y en las tablas laterales los donantes acompañados por San Pedro y Santa Inés. Es una pintura inequívocamente religiosa, de una belleza y ejecución muy rica en matices y colorido en la que el paisaje adquiere singular importancia en el peculiar naturalismo del artista.

Los manieristas de Amberes, con Marinus a la cabeza y los artistas de la segunda mitad del XVI, como Brueghel el Viejo y los retratistas con Antonio Moro, son magníficos ejemplos de la rica colección flamenca del Prado. El *Triunfo de la muerte*, de Brueghel "El Viejo", es obra de singular importancia para detenerse ante ella. Otros pintores de esta sección del museo son: Van Dyck, Snyders, Brueghel de Velours, Jordaens, Teniers y P. de Vos. Con ellos tenemos un amplio y profundo panorama del **arte barroco flamenco** del siglo XVII cuando en la región norteña ya se puede hablar de dos escuelas, la flamenca y la holandesa.

De esta última, el Prado posee pocas obras en comparación con la colección de arte flamenco, pero la *Artemisa* de **Rembrandt** es una muestra fundamental y la única obra del artista holandés considerado el mejor retratista y grabador de todos los tiempos. Fue comprada por Carlos III, aconsejado por Mengs, en la liquidación de bienes del marqués de la Ensenada y representa según unos a Artemisa y ésa es la opinión más antigua, pero también puede ser Sofonisba. Ambas interpretaciones son factibles porque las dos exaltan el amor conyugal, detalle sugerente ya que fue pintada en 1634, el mismo año en que Rembrandt se casó con Saskia van Uylenburg, cuyos rasgos se reflejan en la pintura.

Durante toda la segunda parte del siglo XVI han tenido lugar las guerras de independencia, quedando el que podíamos llamar "ámbito flamenco" bajo dominio español: católico, noble y monárquico. Aquí se hace una pintura fundamentalmente religiosa, grandes cuadros de tema mitológico, bodegones minuciosos y pomposos, retratos espléndidos y escenas populares... **Rubens** es la cumbre de todo ello: su pintura es la historia de la pintura del siglo XVII que influyó decisivamente en todos los demás artistas coetáneos y durante mucho tiempo en discípulos y seguidores.

El Prado tiene una extraordinaria colección de obras de Rubens, producto de las estrechas relaciones históricas entre España y Flandes. El pintor visitó Madrid en dos ocasiones y en la segunda, en 1628, aprovechó para repintar casi totalmente el cuadro titulado *La adoración de los Magos*, que en 1610 le había encargado el ayuntamiento de Amberes quien lo regaló a don Rodrigo de Calderón, hombre de confianza del duque de Lerma, valido de Felipe II. Rubens, además, amplió el cuadro añadiéndole dos paños por arriba y uno a la derecha. El resultado fue una nueva obra casi total, de más avanzada técnica y depurado estilo que la primera versión.

Las tres Gracias es un ejemplo de la visión clásica y mitológica de Rubens —está inspirada en un relieve helenístico que también inspiró a Rafael— en contraposición a sus obras religiosas. Las tres gracias, según la mitología, son Aglae, Talía y Efrosina, hijas de Zeus y Erymona, y parece ser que Rubens retrató en ellas los rostros de sus dos esposas Isabel y Helena. Otro cuadro destacable de tema mitológico es *Lapitas y centauros*, realizado hacia 1636 para el pabellón de caza de Felipe IV. Representa el momento en que Teseo arranca a Deidamia de los brazos del centauro.

La segunda figura de este siglo flamenco es **Van Dyck,** exquisito, refinado, culto y uno de los más penetrante retratistas de la historia de la pintura.

Los géneros clásicos de la escuela flamenca —interiores, bodegones, paisajes, marinas, pintura de batallas, de perspectiva, etc.— están muy bien representados en el museo a través de artistas menores, pero que dan fe de la riqueza impresionante de esta escuela flamenca. No ocurre así con la escuela alemana, tal vez porque el gusto de los reyes españoles era más propicio al arte flamenco e italiano. Sin embargo, el *Autorretrato* de **Durero** y sus obras *Adán* y *Eva* son obras maestras de la escuela alemana y del arte universal. Durero se pintó mucho a sí mismo a lo largo de su vida, lo que nos permite seguir su personalidad en el tiempo. Este *Autorretrato* que conserva el Prado es de los mejores, pintado cuando Durero tenía 27 años

y vestía elegantemente y denotaba cierta vanidad.

Adán y *Eva* son dos obras de Durero que completan, con el retrato de un desconocido, la obra del pintor en el museo, corta pero excepcional. Las dos tablas son regalo de Cristina de Suecia a Felipe IV y las pintó Durero tras su segundo viaje a Italia, tratando y consiguiendo aplicar lo que allí había asimilado del espíritu renacentista. Es ésta además la primera obra alemana de desnudo clásico a tamaño natural y Durero parece querer casar

Las tres Gracias, *obra de Rubens.*

renacimiento y goticismo en el díptico: Adán es un desnudo apolíneo, equilibrado, clásico de proporciones, ligeramente tostada la piel como al sol meridional. Eva conserva cierta curvatura gótica, silueta más aguda y la carne blanca y rosada de joven nórdica.

● PINTURA ITALIANA

El visitante debería ahora encaminar sus pasos hacia la escuela italiana, que disputa a la flamenca la segunda plaza en importancia y riqueza de fondos del Prado. Como la mayoría de obras del museo, la pintura italiana procede en su núcleo mayor de las colecciones reales. España tuvo una decisiva presencia en la península Itálica a partir del siglo XVI y los reyes, desde Carlos V y Felipe II, adquirieron infinidad de obras de artistas italianos, bien por encargos directos a los propios artistas, compras en los mercados del arte de la época o adquisiciones de obras realizadas en España de los artistas que acudieron al país atraídos por su hegemonía política. De los primitivos de los siglos XIV y XV hay grandes y fundamentales lagunas ya que en estos tiempos, y desde antiguo, España estaba volcada en Flandes y los gustos artísticos de los monarcas anteriores a Carlos V se inclinaban más por el mundo nórdico que por el mediterráneo. De todas formas, el Prado tiene una gran colección, breve pero intensa en los comienzos y extraordinaria por número y universalidad de obras y artistas a partir de 1500 y hasta finales del siglo XVIII. Tan importante que la historia de la pintura italiana no podría contarse sin muchas de las obras maestras que alberga el museo.

Rafael es uno de los más grandes genios de la pintura y figura señera del renacimiento, por eso hay que enfrentarse a él inmediatamente. Entre las importantes obras que tiene el Prado, hay algunas de su etapa de madurez, también varias copias y otras pinturas que fueron pasadas de tabla a lienzo. En algunas de su última época se aprecia la intervención del taller donde discípulos de Rafael participaron en su realización. Las obras indudablemente auténticas en su totalidad son: *La Sagrada Familia del Cordero*, el magnífico *Retrato de cardenal* y la *Virgen del pez*. En *La caída*

en el camino del Calvario hay intervención de un discípulo en detalles sin importancia. El *Retrato de cardenal* es una pintura de su mejor época, la romana, realizada hacia 1510, y no se conoce la personalidad del retratado aunque se han barajado varios nombres.

Tras Rafael debemos ver la obra de Botticelli, Mantegna y Fra Angélico, los tres artistas más destacados del llamado **quattrocento italiano,** que es cuando el renacimiento inicia ya, con consciencia y seguridad, su revolución estética.

La Anunciación de **Fra Angélico** es la única pintura que posee el Prado del artista pero es una de sus obras maestras, pintada para el convento de Santo Domingo de Fiésole entre 1430 y 1435. Se trata de un retablo con escenas de la vida de la Virgen: en la tabla central, el pasaje de la Anunciación, representado dentro de una arquitectura renacentista digna de Brunelleschi. También hay gusto renacentista en los adornos, los dorados, el espacio, la luminosidad, el color de tonos claros... todo genialmente tamizado por la delicadeza minuciosa de la ejecución pictórica. La curvatura en las figuras y un cierto arcaismo gótico en la composición se combina con detalles naturalistas, como por ejemplo en el jardín del Edén, donde por cierto, aparecen Adán y Eva vestidos, de acuerdo a la pudorosa iconografía todavía vigente. Los cuarteles del banco describen otras escenas marianas: el nacimiento, los desposorios, la visitación, la epifanía, la presentación en el templo y el tránsito.

Del florentino **Botticelli** destacan los tres paneles que representan la *Historia de Nastagio degli Onesti.*

El tránsito de la Virgen, de **Mantegna,** es otra de las grandes obras de la escuela italiana. El tema es, evidentemente, el tránsito de la Virgen al Cielo en cuerpo y alma ante la presencia de los apóstoles. Fue pintado sobre 1460-61 y perteneció a la colección de Carlos I de Inglaterra, siendo comprado para las colecciones reales españolas por Felipe IV.

Andrea del Sarto, representante del arte que se hace en Florencia en el siglo XVI perdida su hegemonía artística; Corregio, máximo exponente de la escuela de Parma; y Barocci, artista ya a caballo de los siglos XVI y XVII y por ello manierista, completan las primeras épocas italianas.

Sebastiano del Piombo nos introduce en una serie de salas ocupadas por los grandiosos mundos de Tiziano, Veronés y Tintoretto como figuras más destacadas de la **escuela veneciana** entre una serie de artistas de los siglos XVI y XVII que completan esta extraordinaria colección de pintura italiana.

Magnífica y numerosa es la colección de obras de **Tiziano** que posee el Prado pues fue el pintor más admirado y querido por el emperador Carlos I de España y V de Alemania, que llegó a hacerle Conde Palatino. De los varios retratos que Tiziano hizo al emperador, el monumental *Carlos V en Mühlberg* es sin duda el más impresionante y una de sus obras maestras. Lo pintó en Augsburgo en 1548, un año después del suceso que representa: Carlos V el día 24 de abril de 1547, día de la victoria contra los protestantes en la batalla de Mühlberg. Ese día, dicen las crónicas, el emperador estaba con fiebre y tal vez Tiziano quisiera darle ese matiz a la melancolía del rostro regio que, sin embargo, no quita un ápice de la grandeza que pretende reflejar.

La bacanal es una de las obras de Tiziano más representativas entre las pinturas de tema pagano del artista, pintada en el comienzo de su larga

madurez. El tema está obtenido de un relato de Filostato: la llegada de Dionisios a la isla de Andros donde sus habitantes celebran la fiesta de la vendimia y del vino nuevo. La dama en escorzo, en la parte baja del cuadro, que sostiene una violeta en su mano, es con toda seguridad un retrato de Violante, la amante del artista por esa época.

El Lavatorio es la obra maestra de **Tintoretto** en el Prado. La composición nos sugiere de inmediato un encuadre fotográfico con los sucesivos planos muy definidos. El motivo fundamental —el lavado por parte de Cristo— no está en el centro como debía suponerse, sino desplazado a la derecha, mientras el resto de los personajes se distribuyen por la escena sin ninguna relación de grupo pero conectados entre sí por las actitudes: por miradas, conversación, ayuda al descalzarse... La perspectiva nos va llevando de uno a otro plano hacia un infinito sospechado por su difuminado a través del arco de medio punto del fondo.

● ESCUELA ESPAÑOLA

Y entramos en la escuela española a partir de El Greco, que nos enseñará también a Sánchez Coello y Pantoja, dos artistas de la corte de Felipe II que se caracterizaron por la fidelidad a los principios flamencos con aportaciones del mundo veneciano.

De las importantes obras de Domenicos Teotocópulos, conocido como **El Greco,** que posee el Prado, destacamos tres: *La adoración de los pastores,* la *Crucifixión* y *El caballero de la mano en el pecho.* La primera es una obra maestra de su pintura de madurez, realizada al final de su vida y destinada a la capilla donde debía ser enterrado el artista. La luz es la protagonista de la obra: la luz que irradia el Niño e ilumina desde este "foco" central a todos los demás personajes y elementos del cuadro, definiéndolos –perdido el dibujo inicial– en manchas arrebatadas de una rica paleta cromática. La *Crucifixión* forma parte de una serie de seis lienzos verticales pintados para el Colegio de doña María de Aragón de Madrid, cinco de los cuales están aquí, en el Prado, con los que el artista inicia su última y más cararacterística etapa. Finalmente, *El caballero*... es un perfecto ejemplo de la dedicación al retrato que El Greco desplegó a lo largo de toda su vida en Toledo , siendo éste uno de los primeros que pintó en la ciudad. Representa un personaje, desconocido para la posteridad, en actitud de ser investido en la Fe de caballero.

¡Y al fin, **Velázquez**! Con toda seguridad el más grande pintor de la historia del arte español del que el Prado posee casi toda su producción. Las obras de Velázquez pueden ser divididas por temas o por géneros: temas mitológicos como *Los borrachos*, *La fragua de Vulcano* o *Las hilanderas*, retratos de la familia real, de nobles y esa galería de personajes palaciegos, como son los bufones; cuadros de historia como *Las lanzas* y religiosos de tan impresionante naturalidad en el famoso *Cristo*; sus paisajes como los de la *villa Médicis* o el de *Zaragoza*, en los que el impresionismo está ya latente; y por supuesto la que tal vez sea la pintura más genial de toda la historia de la pintura, *Las Meninas*. También llamada *La familia de Felipe IV*, el cuadro de *Las Meninas* podía asimismo titularse "Velázquez en su estudio", que es en realidad lo que parece representar: el pintor –en el único retrato que se le conoce–, tal vez en la faena de pintar a los reyes Felipe IV y Mariana de Austria (reflejados en el espejo del fondo), recibe la visita de la infanta Margarita acompañada de sus damas. Recortado en la claridad de la puerta se ve al aposentador de la reina, José Nieto. Todos los personajes del cuadro miran con respeto a los monarcas, pero en realidad es el espectador quien suplanta el sitio de la atención, formándose así una complicidad entre el pintor, sus personajes, su obra y nosotros que la contemplamos, haciéndonos partícipes de la escena y el espacio, como

Detalle de Las Lanzas *o* La Rendición de Breda, *obra de Velázquez.*

si estuviéramos dentro del cuadro o fuéramos una continuidad de él.

Esto es posible por la magistral concepción del espacio pictórico concebido por Velázquez que mata la perspectiva lineal con el hallazgo revolucionario de la "perspectiva aérea" –o tal vez mejor "atmosférica"– con la que Velázquez logra "pintar" el aire que separa las cosas y las envuelve, la atmósfera, el polvillo en ella suspendido apenas desvelado por la luz que ilumina la escena desde los ventanales de la derecha, abierto uno, semiabiertos o cerrados otros, la puerta del fondo y el reflejo del espejo,

Sala de Goya.

el difuminado de los contornos, el desdibujado de los planos más evidentes a medida que se alejan hacia el fondo de la escena, la sabia y magistral dosificación del color en suaves pinceladas y sublimes veladuras, que hacen posible el ambiente de instantaneidad, de escena cotidiana, doméstica y natural.

Es esta obra, pintada en 1656, uno de los hitos en la evolución de la pintura universal y el momento cumbre de la obra de Diego Velázquez.

Un año después de pintar *Las Meninas*, Velázquez realizó su otra gran obra que es también cumbre de la historia del arte universal: *Las hilanderas*, también conocida como *La fábula de Aracné* porque el cuadro representa este pasaje de la mitología: la competición entre Minerva y Aracné para resolver cuál de ellas tejía mejor y la subsiguiente maldición de la celosa Minerva (Palas Atenea) que convierte en araña a Aracné, condenándola a tejer eternamente.

Técnicamente es una obra revolucionaria para el arte de la pintura: la luz es la gran protagonista y se encarga, por medio de pinceladas de gran soltura y espontaneidad, de envolver objetos y personajes en la atmósfera del interior en sombras de la primera estancia y en otra atmósfera más ligera y luminosa del fondo, estableciéndose la perspectiva por medio de difuminados y desenfoques de los distintos términos espaciales. Vean la magistral solución pictórica que Velázquez da para representar el movimiento de la rueda de la rueca captada en un giro vertiginoso en el que no se ven los radios.

Otro gran cuadro de Velázquez, de los más famosos y populares, es el titulado *La rendición de Breda*, más conocido como *Las lanzas*. Fue pintado para decorar el Salón de Reinos del desaparecido palacio del Buen Retiro, de Madrid, al igual que los retratos ecuestres de los reyes que se muestran en el museo.

La escena describe la rendición de la ciudad holandesa de Breda a los ejércitos españoles durante las campañas de Flandes en la Guerra de los Treinta Años. Los personajes centrales son el general Ambrosio de Spínola, que mandaba las tropas españolas, y el holandés Justino de Nassau. Éste trata de humillarse ante el vencedor cuando le hace entrega de la llave de la ciudad rendida, pero Spínola no le deja arrodillarse y trata de levantarle, cortés, en un gesto que ha quedado como ejemplo de victoria caballeresca.

El Prado posee gran cantidad de obras de otros artistas importantes de la escuela española: Zurbarán, Ribera, Maino y Murillo entre los más destacados junto a Carreño, Sánchez Coello, Carducho, Valdés Leal, etc.

Al contemplar la numerosa colección de pinturas de **Murillo,** el visitante encontrará similares encantos en las distintas *Inmaculadas* que pintó el sevillano, se enternecerá con la inocencia de sus Niños o con la sonrosada sutileza de sus *Sagradas Familias*... Si destacamos la *Inmaculada de Soult* es porque es un poco el ejemplo de lo que representa Murillo en la pintura española: la expresión genuina del barroco y, en cuanto al tema concreto, su mejor compendio de valores estéticos. El nombre de "de Soult" se debe al mariscal francés que la robó del Hospicio de los Venerables de Sevilla durante la Guerra de la Independencia en 1813 en el tremendo expolio que los ejércitos de Napoleón perpetraron en el patrimonio artístico e histórico de España. La obra corresponde, además, a la etapa de madurez del pintor, realizada pocos años antes de su muerte.

Ribera está también muy bien representado y varios de sus cuadros podrían ser los elegidos para ver con más detenimiento. Pero como ejemplo de su hacer, el *Martirio de San Felipe* es oportuno porque en él están todos los elementos que distinguen la personalidad artística del Españoleto: el dramatismo del argumento, la grandiosidad de la escenografía, el expresionismo de los personajes.

Santa Casilda es una de las obras maestras de **Zurbarán** y muy representativa de su pintura. El fondo oscuro tan común en sus cuadros, la presentación del personaje aislado en actitud de retrato –lo que es en realidad: el de una mujer de su tiempo, más bien una dama noble y mundana que una mística santa– y la riqueza magistral en el tratamiento del vestido, la variedad cromática y tactilidad de las distintas telas que lo forman convirtiéndolo en el

auténtico protagonista del cuadro, son los elementos más destacados.

Y llegamos a **Francisco de Goya,** la otra figura cumbre del arte universal y español. El museo recoge su ingente y genial obra comenzando por los cartones que realizó para la Real Fábrica de Tapices y siguiendo por sus grandes cuadros: *La carga de los mamelucos* y *Los fusilamientos, La familia de Carlos IV* y *Las majas.* Todas sus etapas de pintor están sobradamente representadas en el Prado, que se completan con sus famosas *Pinturas Negras* y sus dibujos y grabados.

Goya, como todos los librepensadores y la intelectualidad progresista de su tiempo, fue simpatizante de los postulados de la Revolución Francesa y, por ello, complaciente con el reinado de José I, por lo que fue señalado como "afrancesado".

Tal vez para evitar la represión conservadora de Fernando VII una vez reinstaurada la monarquía borbónica en España, Goya pintó en 1814 dos grandes cuadros que recogen dos momentos dramáticos del comienzo de la Guerra de Independencia: *El Dos de Mayo de 1808: la lucha con los mamelucos* y *El Tres de Mayo de 1808: los fusilamientos de la montaña del Príncipe Pío.*

La Maja desnuda, *de Francisco de Goya.*

El primero recoge el levantamiento del pueblo madrileño contra las tropas francesas que habían invadido España, llevando al exilio al joven príncipe Fernando. La escena ocurre en un lugar desconocido de Madrid, tal vez el cuartel del Conde Duque. La carga feroz y despiadada corre a cargo de los mamelucos, una unidad de musulmanes del ejército francés. La fuerza expresiva que Goya imprime a la escena es genial: los rostros desencajados, el odio ancestral en los españoles, la saña con que atacan a los mamelucos ciertamente sorprendidos por tan profunda violencia...

El Tres de Mayo..., es decir, el día después del levantamiento popular, los franceses ya son dueños de la situación, han sofocado la revuelta y ha comenzado la represión. En la montaña del Príncipe Pío, a espaldas del Palacio Real de Madrid, la noche da rienda suelta a la muerte. Las tropas francesas fusilan a cientos de madrileños detenidos durante la revuelta, sin juicio previo, sin piedad posterior. Los soldados que fusilan, anónimos y autómatas, son como una máquina de matar, sin rostro ni personalidad. Al contrario de los fusilados que llegan a la muerte cada uno según su miedo.

Pocas pinturas han estado rodeadas de tantas incógnitas como las dos *Majas* de Goya. ¿Cuándo las pintó? ¿Para quién? ¿Por qué esas cabezas tan artificialmente "pegadas" a unos cuerpos que no son los suyos? ¿Son el cuerpo de Cayetana, duquesa de Alba, como asegura la leyenda? Además, la *Maja desnuda* parece haber sido pintada mucho antes que la ves-

tida: por los datos técnicos, la desnuda parece realizada entre 1790 y 1795 y la vestida en 1802 o 1803. Se sabe que pertenecieron a Godoy, el todopoderoso "primer ministro" de Carlos IV ya que aparecen inventariadas en su colección en 1803.

La familia de Carlos IV es una obra maestra del arte universal pintada por Goya en 1800 en el Palacio Real de Aranjuez. En octubre del año anterior había sido nombrado por Carlos IV pintor de cámara, que era un rango superior al de pintor real que tenía con Car-

El Tres de Mayo de 1808: los fusilamientos de la montaña del Príncipe Pío, *obra de Goya.*

los III. Goya retrata en esta obra monumental a la familia real al completo y lo hace sin mediar pretexto o anécdota como ocurre en *Las Meninas* de Velázquez. Goya expone a la familia real a la mirada crítica del espectador, formando un grupo a modo de friso, cada uno con su personalidad reflejada en su rostro con magistral hondura psicológica. No están haciendo nada, están ahí colocados, esperando el juicio de la historia. Y detrás de ellos, semi oculto, el pintor autorretratado como el director de escena que nos dice desde la penumbra: "éstos son y así son. Dios nos ampare".

El viajero debe concluir su visita a Goya con sus *Pinturas Negras*. El artista compró en 1819 una finca cerca del río Manzanares que pronto fue conocida como la Quinta del Sordo, ya que Goya se encerró en esta casa tras una grave enfermedad que le dejó sin oído. Viejo, casi solitario y amargado, Goya se dedicó a pintar las paredes de esta casa con temas sombríos, pesimistas y desgarrados, pero con una absoluta y heroica libertad, una pintura hecha para él mismo, al final de su vida, en plena maestría y sinceridad artística. Las pinturas estuvieron allí hasta 1873 cuando la casa fue adquirida por el barón Emile d'Erlanger, quien mandó pasar las pinturas a lienzo y restaurarlas (y corregirlas también) a Martínez Cubells, donándolas finalmente al Prado.

● **ESCUELAS FRANCESA Y ALEMANA**

La colección que el museo tiene de la **escuela francesa** es muy reducida. De sus autores destacan Poussin, Watteau y Van Loo con Claudio de Lorena y Vouet. En total, cerca de 400 obras francesas de distintas épocas —desde el siglo XVI al XIX— pero con lagunas en cuanto a artistas y calidad.

Hasta los Borbones, las relaciones políticas de España con Francia no propiciaron precisamente el flujo de las relaciones artísticas. Luego, ya con los Borbones reinando en España, fueron retratos de familia los que más se intercambiaron. Sin embargo, a través de Italia, llegaron las obras de los más interesantes artistas franceses del periodo clasicista: Poussin y Lorena, por ejemplo, ya que éstos trabajaban en ese país donde España compraba muchas obras.

El visitante debe concentrarse en el maestro fundamental del clasicismo, **Poussin,** que es también el pintor francés más importante del siglo XVII. El Prado tiene una colección fundamental para conocerle.

El paisajista conocido en España como **Claudio de Lorena** (su nombre auténtico es Claude Gelée) es el otro genio francés de ese siglo XVII, creador de un paisaje idealizado en el que se combina la preocupación por la luz y la presencia del mundo antiguo. Vivió, como Poussin, casi toda su vida en Roma y las campiñas romanas son el objeto primordial de sus obras.

El museo alberga también la obra de un artista nacido en Bohemia, pero alemán por familia y formación, **Mengs,** que con Durero representa lo más destacado de la **escuela alemana.** Mengs influyó notablemente en la vida artística española, donde difundió el neoclasicismo, y como director de la Real Fábrica de Tapices de Madrid ayudó a los Balleu, Maella y, por supuesto, a Goya.

● **OTRAS COLECCIONES**

El Prado posee alrededor de 500 esculturas entre clásicas, renacentistas y barrocas. También alberga una notable colección de objetos de artes decorativas con piezas de talleres florentinos, napolitanos, cerámicas, tapices, monedas, medallas, etc. y el llamado **Tesoro del Delfín,** que es una extraordinaria colección de piezas de artes suntuarias, vasos tallados, piedras, alhajas, etc. reunida por el Gran Delfín Luis, hijo de Luis XIV de Francia y padre de Felipe V, primer rey Borbón en España. A su muerte, la colección se dispersó por ventas y herencias, correspondiendo a Felipe V lo que hoy podemos ver aquí y con lo cual podemos dar por finalizada la visita al museo. ◆

La Plaza Mayor, una de las más hermosas y tradicionales de la ciudad, fue construida en 1619 por orden de Felipe III.

El Madrid Viejo

Este itinerario cubre lo que muchos madrileños conocen como Madrid Viejo o Madrid de los Austrias. Se trata en realidad, de una zona de la urbe que comprende varias épocas, desde el periodo musulmán, del que apenas quedan restos de algunas partes de la primitiva muralla, a la época en que la ciudad fue cristianizada por los reyes castellanos y, posteriormente, al periodo en que reinó en la ciudad, convirtiéndola en capital del país, la dinastía de los Austrias. Es evidente que las trazas de esta parte de Madrid están marcadas por esta última etapa histórica, y tiene un estilo arquitectónico bastante uniforme en sus edificios. Este Madrid se levantó y creció a lo largo de siete siglos y, no obstante, es una parte de la urbe que puede recorrerse fácilmente a pie, en una jornada. En esos siete siglos, Madrid no había dado el gran salto demográfico que sufriría en tiempos posteriores. De ser poco más que un pueblo pequeño pasó a convertirse en una ciudad grande para la época pero no para los cánones actuales.

Este itinerario cubre un triángulo cuyos vértices están en la Puerta del Sol, por el este, San Francisco el Grande, por el sur, y la plaza de la Encarnación, por el norte.

● **PUERTA DEL SOL**★★ (C-D3)

La Puerta del Sol no es la plaza más antigua de la ciudad, pero sí que se trata de la más tradicional y la que, históricamente, ha servido como escenario de una buena parte de la historia madrileña.

Hasta el año 1570, la Puerta del Sol quedaba fuera del recinto de la antigua ciudad, arrimada alrededor del Alcázar, que más tarde, a causa de un incendio, desaparecería y daría paso a la construcción del actual Palacio Real. Aunque no hay documentos escritos que lo confirmen, parece que el nombre de la plaza viene de un sol que había esculpido en lo que fue la puerta de la antigua muralla que hubo aquí hasta el siglo XVI. Durante los siglos posteriores, la plaza ha ido cambiando en muchas ocasiones su fisonomía, pero ha conservado siempre su carácter popular. En todas épocas ha sido escenario del ir y venir de gentes de cualquier condición, un mundo abigarrado, de heterogénea humanidad y, sobre todo, muy madrileño.

La plaza tiene forma elíptica y en ella confluyen diez calles. En ella está situado el kilómetro cero de todas las

El Oso y el Madroño.

carreteras radiales del país, que salen de la capital. Aquí se celebra, todos los 31 de diciembre, bajo el reloj del edificio que hoy es sede del gobierno de la Comunidad Autónoma de Madrid, el cambio de un año a otro, al ritmo de las doce campanadas.

La plaza albergó en otro tiempo famosos edificios, pero todos ellos fueron demolidos durante el siglo XIX, cuando la plaza fue ampliada. Hay en la Puerta del Sol dos estatuas muy populares: **La Mariblanca,** figura femenina que en tiempos presidía una fuente de gran tradición en Madrid, donde los madrileños acudían siglos atrás a llenar sus cántaros cuando la ciudad no contaba con agua corriente, y **El Oso y el Madroño,** emblema de la capital, que en otro tiempo tuvo extensos madroñales en los que vivían osos y otras especies de caza. Se dice que el oso del escudo madrileño no es oso, sino

Villamediana

La Puerta del Sol y la Plaza Mayor fueron los escenarios de una historia que en su día escandalizó a la ciudad y que dio pábulo a no pocas leyendas. El conde de Villamediana era un famoso personaje de la ciudad: de

cuna noble, hábil poeta, excelente lanceador de toros y, sobre todo, conocido galanteador, aunque hay historiadores que afirman que pudo ser homosexual. El mentidero de Madrid lanzó el rumor de que mantenía amores con la reina Isabel, esposa de Felipe IV. Cierto día de agosto de 1622, el matrimonio real presenciaba en la Plaza Mayor un espectáculo de toros, desde su balcón en la Casa de la Panadería. Villamediana salió garboso al ruedo, con un collar de monedas, concretamente de reales, rodeando su cuello. Sobre el pecho, según cuentan, se había hecho bordar una frase: "Son mis amores...", a la que los "reales" ponían el oportuno final de frase. Mientras alanceaba su toro, la reina comentó al rey:

—¡Qué bien pica el conde!

Felipe respondió:

—Sí, pero pica muy alto.

Pocos días después, en la parte oeste de la Puerta del Sol, el conde fue asesinado de un flechazo lanzado por una ballesta y el criminal nunca fue encontrado. Los rumores, como es lógico, apuntaron al monarca. Los historiadores no han podido, sin embargo, comprobar la verdad de esta historia.

osa, y que con ella se quería simbolizar la fertilidad del suelo madrileño.

El edificio más notable de la plaza es el que se conoce como **Casa de Correos,** que fue más tarde Ministerio de Gobernación, Dirección General de Seguridad, y en la actualidad sede del Gobierno Autónomo. Fue construido entre los años 1756 y 1760, sobre planos del arquitecto Ventura Rodríguez, y su fachada es de estilo clasicista al gusto francés. Lo más interesante del edificio es la torreta, que tiene forma de templete, y alberga el famoso **reloj** cuyas campanadas marcan, para todos los españoles, el cambio de año. Este reloj se instaló un siglo después de ser concluido el edificio y fue obra de Ramón Losada.

Otro edificio de interés en la plaza es el número 1 de la Calle Mayor, que ocupa toda la manzana del ángulo suroeste de la plaza. Fue el primer gran bloque de viviendas construido en Madrid, en 1845, y se conoce como **Casas del Cordero,** por el apellido de su primer propietario, cuyo escudo está en la esquina de Mayor con Esparteros.

Toda la zona que rodea la plaza es fundamentalmente comercial, con pequeños establecimientos, algunos pintorescos, como las tiendas de imágenes religiosas de la plaza de Pontejos, y también grandes almacenes que pueden encontrarse en la calle de Preciados, además de pequeños tenderetes que venden artesanías diversas. En las calles de la Cruz y de la Victoria se encuentran numerosas tabernas de ambiente taurino.

● **PLAZA MAYOR**★★ (D2)

Tomando la Calle Mayor en dirección oeste se llega a la Plaza Mayor, una de las más hermosas y tradicionales de la ciudad. Construida en el año 1619 por orden de Felipe III y con planos de Juan Gómez de Mora, quien tendría en cuenta proyectos anteriores del arquitecto Juan de Herrera, sorprende en este espacio el sentido de la armonía y de la sobriedad. En este lugar hubo un mercado, el del Arrabal, en tiempos anteriores a la construcción de la plaza, y por ello no es de extrañar que sus callejones y

Estatua de Felipe III, frente a la casa de la Panadería, en la Plaza Mayor.

arcos lleven nombres de gremios de artesanos y comerciantes: Cuchilleros, Cofreros, etc.

Algunos de sus edificios conservan nombres como el de la **casa de la Carnicería** y **casa de la Panadería.** Esta última, por cierto, fue el primer edificio que se levantó en este lugar. El último de los grandes incendios que sufrió la plaza, en el 1791, obligó

Terrazas en la Plaza Mayor.

a reformarla por completo. Juan de Villanueva, arquitecto que se ocupó de los trabajos, respetó escrupulosamente el trazado original de Gómez de Mora, aunque uniformó las alturas de los pisos de las fachadas igualándolos a la altura de la Casa de la Panadería. La **estatua a caballo de Felipe III,** realizada en 1616 por Juan de Bolonia y Pietro Tacca, no se situó en la plaza hasta 1847, por iniciativa de Mesonero Romanos, uno de los grandes cronistas con que contó la ciudad.

Durante los siglos siguientes a su construcción, la Plaza Mayor ha sido un lugar de encuentro y ocio y también se han celebrado en ellas justas y torneos, corridas de toros y autos de fe de la Santa Inquisición, de algunos de los cuales quedan testimonios espeluznantes por la pluma de visitantes extranjeros de la época. Hoy sirve para actividades muy distintas: en los veranos hay conciertos de música y representaciones de ballet y teatro; en Navidad se venden en decenas de tenderetes las tradicionales figuras del belén; y todos los domingos y festivos se organiza un animado mercado filatélico y numismático. En los soportales de la plaza hay numerosas tabernas, así como tiendas de paños y sombrererías.

● PLAZA DE LA VILLA★ (D2)

Siguiendo por la Calle Mayor hacia el oeste, se llega a la plaza de la Villa, donde se encuentran ubicados diversos edificios del gobierno municipal y presidida por la **estatua de Don Álvaro de Bazán,** comandante de la Armada Invencible, inmortalizado por Mariano Benlliure en 1888.

La **Casa de la Villa,** como se conoce a la sede del Ayuntamiento, es también un edificio de Juan Gómez de Mora, el arquitecto más reputado de la época de los Austrias. No obstante, a causa del largo tiempo que tardó en construirse, intervinieron en la ejecución de las obras otros arquitectos, como Ardemans y Villarroel, que incorporaron ciertos toques de barroquismo al edificio. En la fachada que da a la Calle Mayor, Juan de Villanueva, el arquitecto de Carlos III, realizó en el año 1787 el balcón que serviría como palco a los reyes en las procesiones del Corpus Christi. La fachada que da a la plaza exhibe dos torres angulares rematadas por chapiteles. El balcón corrido, con tres ventanas, muestra una rica ornamentación en piedra. La Casa de la Villa tiene un bello interior, en el que destacan la escalera principal, el patio de cristales y algunos salones. Hay también pinturas valiosas debidas a Antonio Palomino, Vicente López, Vázquez Díaz y Ricardo Madrazo. Por las tardes y los domingos por la mañana pueden visitarse algunas de sus dependencias.

Contigua a la Casa de la Villa se encuentra la **Casa de Cisneros,** que sirve también para servicios administrativos del Ayuntamiento y que está unida al primer edificio por medio de un paso elevado construido en el año 1915. Antiguo palacio levantado en el año 1537, antes de que Madrid fuese capital del reino, se considera el mejor exponente que tiene Madrid en el estilo plateresco. Para la reconstrucción de su patio se incorporaron elementos procedentes de otros antiguos edificios de la ciudad. Dentro puede visitarse el salón de Tapices, siempre fuera del horario de trabajo de las oficinas.

Frente a la Casa de la Villa se halla la **Hemeroteca Municipal,** obra de estilo mudéjar que conserva en su entrada el sepulcro de Beatriz Galindo y una escalera de balaustrada gótica procedente del antiguo Hospital de La Latina, demolido el siglo XIX. Al lado, la Real Academia de Ciencias Morales y Políticas, ocupa el edificio conocido como **Torre de los Lujanes,** que data del siglo XV y que es, por tanto, uno de los edificios más antiguos de Madrid. Tiene ornamentación gótica en las portadas que dan a la calle y la plaza del Codo. Se cuenta que en este lugar estuvo prisionero el rey francés Francisco I, capturado en la batalla de Pavía.

El Madrid cristiano de la época de los reyes castellanos se organizaba administrativamente a partir de las parroquias y colaciones, situadas en el interior de las murallas y con iglesias construidas generalmente en los lugares que ocupaban antiguas mezquitas musulmanas. Alrededor de la plaza de la Villa se encuentran varias de estas antiguas iglesias.

Subiendo por la calle de los señores de Luzón, se llega hasta la plaza, donde se alza la **iglesia de Santiago,** levantada en el año 1811 sobre las ruinas de la iglesia medieval, que a su vez había sido construida sobre las ruinas de una mezquita. Destaca en ella la cúpula coronada por una elevada linterna. En la vecina plaza de Ramales hubo otra colación, la de San Juan, de la que no resta nada, aunque hay una cruz que marca el lugar donde estuvo enterrado el pintor Velázquez.

A la **iglesia de San Nicolás,** también parroquia medieval, se llega bajando por la calle homónima. El templo está datado en el siglo XV y es la iglesia más antigua de Madrid. Su torre, sin embargo, es una obra que se remonta al siglo XII, de estilo mudéjar toledano, y se cree que es el antiguo alminar de la mezquita al que se añadió posteriormente el cuerpo de

Iglesia de San Nicolás.

53

campanas y el chapitel. La torre tiene una rica decoración y la iglesia exhibe restos de otras épocas, como los arcos de estilo califal y el ábside de estilo gótico. Guarda también una armadura de estilo mudéjar del siglo XV en la cabecera y nave central.

● **IGLESIA DE SAN MIGUEL** (D2)

En el otro lado de la plaza de la Villa, hacia el sur, se halla la iglesia de San Miguel, de estilo barroco italiano. Tiene la originalidad de presentar una fachada convexa, construida en esta forma para paliar la estrechez del solar. Su arquitecto fue Santiago Bonavía. Las cúpulas se adornan en el interior con pinturas de Bartolomé Rusca, mientras que el altar mayor lo preside un lienzo de Alejandro Ferrant.

Descendiendo por la calle de Letamendi se llega a la **iglesia de San Pedro**, otra parroquia medieval. Tiene una torre de estilo mudéjar toledano, rematada por un campanario que está abierto por los cuatro lados. Es, después de San Nicolás, una de las iglesias más antiguas de la ciudad.

● **IGLESIA DE SAN ANDRÉS** (E2)

Más abajo, en la plaza de San Andrés, aparece la iglesia del mismo nombre, donde se ubicó una colación de cuyo antiguo templo sólo resta el viejo campanario. Pero formando cuerpo con la iglesia se hallan dos importantes monumentos: la **capilla del Obispo** y la **capilla de San Isidro**. La primera data del año 1535, con influencias góticas y renacentistas. En el claustro pueden contemplarse los batientes de una magnífica puerta plateresca. El retablo de la capilla es de Francisco Giralte y hay también pinturas de Villoldo el Mozo.

Iglesia de San Andrés.

Puede verse también un sepulcro de estilo manierista que guarda los restos del obispo Gutierre de Vargas Carvajal. La segunda capilla, la de San Isidro, es de 1657, y en ella destaca sobre todo la cúpula que corona el santuario. En la parte superior de la puerta que da al Humilladero hay una imagen de la Virgen tallada a partir de un modelo ideado por Alonso Cano. Las estatuas de la torre son obra de Juan Cantón.

● **CAVA BAJA★** (E2)

Hacia el oeste de la plaza de San Andrés se extendían antiguamente los arrabales que ocupaba la población musulmana. El barrio se llamó antiguamente Morería y todavía hay en él una plaza que lleva ese mismo nombre. Desde la plaza de Puerta de Moros, aneja a la de San Andrés, se asciende hacia el noreste por la Cava Baja. Ésta es una de las calles más tradicionales de Madrid. Aquí se han descubierto galerías que, al parecer, utilizó la población musulmana para refugiarse y huir cuando Madrid fue conquistada por tropas cristianas, en la segunda mitad del siglo XI. Más tarde, las cavas fueron refugio de bandas de ladrones y hubieron de ser cegadas por las autoridades con el fin de cortar la mucha delincuencia que padecía la ciudad.

Durante los siglos XVI y XVII se abrieron aquí numerosas posadas, una de las cuales queda tal y como fue entonces: el **Mesón del Segoviano,** antigua posada de San Pedro. Todavía hay locales de antiguos artesanos, que proliferaron al arrimo de las posadas, y restaurantes y tabernas tradicionales.

El desarrollo urbanístico de Madrid

Madrid nació como una avanzadilla militar árabe en los albores del siglo X de nuestra era. El primitivo establecimiento lo componían un recinto amurallado que se extendía, probablemente, desde las alturas que bordean el río Manzanares en el oeste, hasta el arroyo que había en lo que es hoy la calle del Arenal, por el norte, los Caños del Peral (donde en la actualidad se levanta el Teatro Real), por el este, y el foso de la Cava Baja hasta la Puerta de Moros, por el sur.

Los arrabales fueron creciendo en los siglos posteriores y su perímetro se ensanchó hasta la actual plaza de Santo Domingo, por el norte, la Puerta del Sol, por el este, y la plaza de la Cebada, por el sur. Fue en el siglo XV cuando los Reyes Católicos rellenaron las cavas, se desecaron luego los arroyos que discurrían por la actual calle de Segovia y se cubrió el barranco de Arenal, con lo que la ciudad quedó lista para convertirse en una villa abierta y extenderse.

En 1625 es construida la cuarta muralla para abarcar una ciudad mucho más amplia. Se derriban las antiguas puertas que marcaban los límites de la villa y la nueva tiene sus entradas en la Puerta de Segovia, la de Toledo y las de Atocha, Alcalá y Bilbao. En 1656 aparece el primer plano importante de la ciudad, el de Pedro de Texeira.

Con la llegada al trono de los Borbones, la ciudad sigue extendiéndose. En época de Carlos III se urbaniza toda la zona del paseo del Prado y son construidos edificios, como la sede del museo del mismo nombre y el Observatorio Astronómico, al tiempo que los jardines del Retiro se abren al público. También durante su reinado la capital creció hacia el sur, en los paseos de las Delicias, Florida, Olmos y Acacias. A la segunda mitad del XIX corresponden los planes de ensanche de la villa, que la convierten en una ciudad moderna y mucho más grande. Se realiza entonces el Plan Castro, que crea las actuales trazas del barrio de Salamanca y del sur madrileño, y se establecen los primeros proyectos de la Gran Vía, cuyas obras se realizaron en el primer tercio del siglo XX.

Madrid ya no tiene murallas y su expansión, desde los albores del siglo XX, se realiza sin planes urbanísticos concretos. La ciudad, sobre todo en los años de la posguerra, creció especialmente hacia el norte y el oeste, y poblaciones próximas comenzaron a ser absorbidas por la gran urbe, como sucede con Alcorcón, Getafe, Fuencarral, Móstoles y, tal vez en fecha no muy lejana, Alcalá de Henares.

● **SANTA CRUZ** (D3)
Y SAN ISIDRO★ (D-E2)

Se abandona la plaza por la puerta que da al lado oriental y en la **plaza de Santa Cruz** se puede contemplar el edificio del palacio del mismo nombre, sede hoy del **Ministerio de Asuntos Exteriores.** Se construyó como cárcel de corte y en ella estuvieron encerrados algún tiempo hombres ilustres como el general revolucionario Rafael del Riego y el escritor Espronceda. Su autoría parece ser que se debe a Juan Gómez de Mora y terminó de construirse en 1636, aunque sufrió reformas posteriores. Está considerado uno de los mejores exponentes de la arquitectura de los tiempos de reinado de los Austrias.

Descendiendo al sur por la calle del Salvador y tomando luego la calle de la Concepción Jerónima, se llega a la calle Toledo, donde está la **iglesia de San Isidro.** Aquí se encuentran los restos del santo patrón de Madrid y los de Santa María de la Cabeza. El templo fue construido por

San Francisco el Grande.

los jesuitas en 1622 y las dos torres de planta cuadrada que coronan el edificio están sin concluir.

● **SAN FRANCISCO
EL GRANDE**★ (E1)

Desde San Andrés, por la carrera de San Francisco, se alcanza el templo de San Francisco el Grande. En este lugar, en el siglo XIII, hubo un convento que se dice levantó el propio Francisco de Asís, que fue demolido en el siglo XVIII. La actual basílica es del año 1784, y aunque sus planos originales se deben a fray Francisco Cabezas, hubo de seguirlas el arquitecto Sabatini. No obstante, sufrió obras posteriores, que no fueron concluidas hasta 1889. La iglesia cuenta con una enorme cúpula y el estilo general del templo es algo indefinido. El interior es de grandes proporciones y algo pretencioso. Hay interesantes estatuas de mármol de Carrara, que representan a los doce apósto-

Vista del viaducto, la catedral de la Almudena y el Palacio Real.

les, y pinturas de Ferrant y Domínguez en el altar mayor. Hay pinturas interesantes en las capillas laterales, el claustro, la cúpula y la sacristía, entre las que sobresalen un cuadro de Goya representando a *San Bernardino,* en el que aparece autorretratado el propio pintor, otro de Zurbarán y otro de Alonso Cano.

Durante años, la basílica se utilizó como Panteón de Hombres Ilustres, y estuvieron enterrados en ella, entre otros, Calderón y Quevedo.

● VIADUCTO (D1)

Subiendo hacia el norte por la calle de Bailén se deja a la derecha el antiguo barrio morisco y a la izquierda el parque de las Vistillas. Se cruza sobre el viaducto de la calle de Segovia, obra del siglo XX.

A la izquierda, a la altura de la cuesta de la Vega, pueden verse los **restos** de la antigua **muralla árabe,** con algunos torreones ya muy deteriorados.

● CATEDRAL DE LA ALMUDENA (D1)

Situada cerca del Viaducto, a la izquierda, fue iniciada su planificación por Francisco Cubas en 1879, oficialmente terminada en noviembre de 1992 y consagrada por Juan Pablo II en junio de 1993.

Madrid nunca tuvo catedral por depender eclesiásticamente de Toledo hasta la creación de la diócesis de Madrid-Alcalá, a finales del siglo XIX. El templo provisional fue Santa María la Mayor, una vieja mezquita reconvertida y situada en la esquina de Mayor y Bailén que se derribó en 1870. Luego fue catedral provisional la iglesia de San Isidro, en la calle Toledo,

y se comenzaron las obras de esta Almudena que en más de cien años ha sufrido toda clase de vicisitudes arquitectónicas, presupuestarias y artísticas.

El resultado es un templo de estilo espúreo, sin el mayor interés arquitectónico, grandilocuente y que, en un neobarroco debido a los arquitectos Carlos Isidro y Chueca Goitia, desentona queriendo no desentonar con el vecino Palacio Real.

Catedral de la Almudena.

En la **cripta** está la imagen de la Virgen de la Almudena, patrona de Madrid, que según la tradición es anterior a la época cristiana aunque la talla sea del siglo XVI. Del siglo XII es sin embargo la pintura que representa a la Virgen de la Flor de Lis, hallada en 1624 en la vieja iglesia de Santa María.

A su lado, la **plaza de la Armería,** aneja al Palacio Real, tiene auténtica grandeza y se abre al bello panorama de las llanuras que se extienden hacia La Mancha y Extremadura.

● PALACIO REAL★★ (C1)

Es sin duda uno de los monumentos más hermosos y significativos de la ciudad. Exactamente en este lugar nació Madrid, pues el edificio se levanta en el mismo solar que ocupó la primitiva fortaleza árabe en el siglo IX, donde, más tarde, los reyes castellanos instalaron su alcázar. Al quemarse este último en la Nochebuena de 1734, Felipe V ordenó de inmediato la realización de un nuevo proyecto. En el pro-

Palacio Real.

yecto y realización del palacio intervinieron varios arquitectos, inicialmente Juvara y posteriormente Sachetti, Sabatini y Ventura Rodríguez.

La belleza de este edificio, que los madrileños deben a los reyes de la dinastía Borbón, reside en la combinación de colores de sus piedras y en la belleza compositiva que forman sus fachadas. Desde la lejanía el palacio destaca sobre la colina, que baja hacia el río Manzanares, como una pieza de marfil bajo el cielo madri-

leño. La balaustrada que recorre el edificio en su fachada oriental se adorna con columnas y pilastras. Hay en el palacio una mezcla de sobriedad y de elegancia, dentro de un estilo clasicista con influencias italianas y francesas.

En su interior, que constituye un **museo,** se guardan numerosas piezas de arte. Todo el interior del palacio está ricamente decorado con lienzos, objetos y frescos. Los reyes actuales no lo usan más que para actos oficiales. En la **Real Armería** se exhiben armas y armaduras históricas.

En la fachada norte del palacio se abren los **jardines de Sabatini,** llamados así en homenaje al arquitecto de Carlos III. Fueron diseñados a principios del siglo XX y para construirlos se derribaron las antiguas caballerizas reales. También en las instalaciones del palacio se hallan los **jardines del Campo del Moro,** donde se encuentra el **Museo de Carruajes.**

● PLAZA DE ORIENTE (C2)

Frente al palacio se abre la plaza de Oriente. Se comenzó a construir a instancias de José Bonaparte, hermano de Napoleón, que reinó en España en periodos intermitentes durante la ocupación francesa.

La plaza es de forma semicircular, está ajardinada y cuenta con numerosos árboles. Asimismo está adornada con las figuras en piedra blanca de los reyes de la España medieval. En el centro se levanta la **estatua** ecuestre **de Felipe IV,** que es una verdadera joya. Fue fundida en bronce por Pietro Tacca, basándose en un boceto de Velázquez; también intervino Galileo Galilei, quien hizo los cálculos para lograr el difícil equilibrio del caballo.

Jardines de Sabatini.

● TEATRO REAL★ (C2)

Está situado al este de la plaza de Oriente. Comenzó a construirse en 1818, bajo el reinado de Fernando VII, y se concluyó en 1850, reinando Isabel II. Precisamente, se inauguró el día de la onomástica de la soberana, durante el gobierno del general Narváez, con la interpretación de la ópera *La favorita,* de Donizetti.

El edificio tiene una singular fachada y todas las modas musicales han pasado por su escenario, de Verdi a Wagner. La parte trasera del teatro da a la plaza de Isabel II, donde se encuentra una estatua de la soberana, tallada por José Piquer.

El teatro, tras permanecer en obras durante años, ha sido acondicionado como teatro de ópera, mientras que los conciertos que se ejecutaban en él se han trasladado al **Auditorio Nacional de Música,** en la calle Príncipe de Vergara.

● CONVENTO DE LA ENCARNACIÓN (C2)

Está situado en el ángulo norte de la plaza de Oriente, en la plaza que lleva el mismo nombre del convento. Este edificio religioso estuvo unido antaño al palacio de Oriente por un pasadizo. Se construyó en 1616 por orden de doña Margarita, esposa de Felipe III.

La orden religiosa que lo ocupa fue una de las más protegidas por la Casa de Austria, sobre todo de las damas de la familia real, por lo cual los reyes la dotaron de un rico patrimonio artístico, sobre todo buenas pinturas y esculturas, que constituye hoy un interesante **museo.** En el **relicario** se guardan diversas reliquias, entre ellas, la famosa ampolla con la sangre de San Pantaleón, que se licúa todos los años el día 27 de julio.

● DESCALZAS REALES★ (C3)

Finalmente, descendiendo de nuevo hacia la Puerta del Sol, por la calle del Arenal, tomando la calle de San Martín a la izquierda se llega a otro convento, el de las Descalzas Reales. También fue muy importante, desde los tiempos del emperador Carlos V.

El convento es rico en pinturas y esculturas de diversas épocas, donativos de los reyes en su gran mayoría. Hay pinturas de Claudio Coello, Carvajal, Ximénez Donoso, Alonso Cano, Ricci y una de Tiziano y esculturas de Pedro de Mena y de Gregorio Fernández. ◆

Teatro Real.

El Madrid del Siglo de Oro

El siglo XVII, conocido como Siglo de Oro de las letras españolas, en pleno apogeo de la Casa de Austria y en especial bajo los reinados de Felipe III y Felipe IV, no es sólo parte esencial de la historia cultural del país, sino que ocupa un lugar de privilegio en la literatura universal, especialmente por la publicación de un libro único: *El ingenioso hidalgo Don Quijote de La Mancha*.

Ese siglo dorado de la literatura tiene un espacio propio. Y su ámbito se sitúa en la ciudad de Madrid, en el triángulo formado en sus lados por el paseo del Prado por el oriente, la calle del Prado por el norte y la calle de Atocha por el sur. En esta estrecha zona de la ciudad vivieron la mayor parte de su vida Góngora, Lope de Vega y Quevedo; también tuvo casa aquí, los últimos años de su vida, Miguel de Cervantes; Calderón de la Barca y Tirso de Molina, que habitaron inmuebles más al oeste de la ciudad, en las proximidades de la Puerta del Sol, acudían a diario a los mentideros culturales de la calle de León, y aquí estuvieron los corrales de comedias donde se representaban las mejores obras de los dramaturgos de la época.

Algunos libros, no sin justicia, llaman a esta parte de la ciudad el Madrid literario. Hay, sin embargo, otras zonas de la ciudad que, en distintas épocas, han cobrado una cierta importancia literaria. Por eso, más exacto nos parece definir a este barrio como el Madrid del Siglo de Oro. En estas calles vivieron los grandes escritores de entonces.

Esta zona de Madrid no es especialmente monumental, es una zona popular, de callejuelas estrechas y tejados apiñados en los que no extrañaría encontrarse al mismo diablo cojuelo.

León de la entrada del Congreso de los Diputados.

● **PLAZA DE LAS CORTES** (D4)

El recorrido puede empezar en la plaza de Cánovas del Castillo. Ascendiendo un poco se alcanza la plaza de las Cortes, en cuyo jardín central se halla una estatua dedicada a Cervantes, preludio de un barrio con significado propio.

● **CONGRESO DE LOS DIPUTADOS★** (D4)

A la derecha, en la carrera de San Jerónimo, merece una mirada la fachada del Congreso de los Diputados, un edificio construido en 1850 sobre el solar que ocupó un antiguo convento y en el que las Cortes españolas han venido reuniéndose desde 1834.

El edificio imita el estilo palaciego italiano, con un frontón de estilo clásico. Los dos leones que flanquean la entrada se modelaron con el bronce de los cañones tomados a los moros en la guerra del año 1860 y se instalaron en 1872.

Si el visitante es aficionado al teatro, puede desviarse unos metros del itinerario y, yendo por un lado del Congreso a través de Floridablanca y la calle de Jovellanos, puede ver el **teatro de la Zarzuela,** cuya estructura está inspirada en la Scala de Milán. En este escenario, todos los otoños se celebra la temporada de zarzuela.

● **ATENEO★** (D4)

Saliendo de la plaza de las Cortes, debe tomarse la calle del Prado, y ascender en dirección suroeste. Se pueden encontrar en esta zona varios comercios de anticuarios. Enseguida, en la acera de la derecha, se encuentra el edificio del Ateneo de Madrid (Prado, 21), con fachada de piedra de sillería y

Teatro Español.

en cuyo interior es digna de verse una gran escalera realizada en estilo francés con balaustrada de hierro.

La sociedad del Ateneo fue fundada en el año 1829 por un grupo de intelectuales de ideas liberales para promover el cultivo de las letras y de las artes y propagar la cultura entre los ciudadanos madrileños. Es interesante asomarse a su salón de sesiones y visitar la galería donde se exponen los retratos de muchos de sus miembros más famosos.

La esquina de enfrente, la formada por la calle de León y la del Prado, fue el lugar en el que, durante el siglo XVII, se reunía el llamado Mentidero de los Representantes. En él se contrataban las comedias que habrían de representarse más tarde en los corrales y también los actores que habrían de interpretarlas; lógicamente, al tiempo que se hacían buenos contratos se producían numerosas reyertas.

En 1629, un hermano de Calderón fue herido en esta esquina por el actor Pedro de Villegas, y el dramaturgo persiguió a éste por las callejuelas cercanas, con la espada desenvainada. Se dice que, incluso, en su búsqueda, el escritor penetró en la zona de clausura del cercano convento de las Trinitarias, lo que en su época provocó un gran escándalo y a punto estuvo de costarle una seria pena de prisión.

● PLAZA DE SANTA ANA★ (D4)

La calle del Prado termina en la plaza de Santa Ana, llamada así porque en ella estuvo el convento carmelita de Santa Ana, que fue derruido para trazar esta plazuela como parte del plan urbanístico promovido por José Bonaparte. La explanada es repo-

Teatro de la Comedia.

sada y tranquila, un lugar donde la gente acude a tomar el sol y a jugar al aire libre partidas de ajedrez.

En la plaza y en los alrededores hay muchas tabernas y cervecerías; la más tradicional es la **Cervecería Alemana,** famosa por ser uno de los lugares más populares de Madrid donde se sirve muy bien la cerveza.

En la plaza se levanta una estatua dedicada a Calderón de la Barca. La efigie sedente del autor reposa en un basamento en el que hay cuatro relieves con escenas de otras tantas obras de su catálogo. Fue esculpida por Juan Figueras y Vila.

En el lado occidental de la plaza, formando esquina, se alza el elegante edificio del **hotel Victoria,** construido en el año 1923 en un estilo que recuerda el de los balnearios europeos. Destacan, en su fachada, los grandes miradores de hierro.

Cierra el flanco oriental de la plaza el edificio del **Teatro Español** (Príncipe, 25), de corte neoclásico. El actual edificio data de 1807, pero se incendió en 1975 y hubo de ser rehabilitado, para inaugurarse de nuevo en 1980. Su interés es primordialmente histórico, pues en su solar estuvo el famoso Corral de Comedias del Príncipe, cuya primera edificación data de 1585. Tenía forma de patio abierto y en él se representaban, al aire libre, las mejores obras de los dramaturgos españoles. En 1745 el corral fue techado, pero fue destruido por un incendio en el año 1802, lo que obligó a realizar un nuevo diseño y nuevas obras en el referido año de 1807.

Todos los grandes autores de teatro españoles han visto sus obras representadas en su escenario, e incluso hay noticia de que en el antiguo corral se celebró, en el siglo XVI, la representación de los conocidos *Pasos* de Lope de Rueda. Tragedias, autos sacramentales y comedias han pasado por las tablas del antiguo corral y del moderno establecimiento: no sólo los clásicos del Siglo de Oro, sino también don Ramón de la Cruz y Moratín, románticos como el duque de Rivas y Hartzenbusch, y la gran mayoría de los dramaturgos contemporáneos.

● TEATRO DE LA COMEDIA (D4)

Un poco más allá, siguiendo unos metros por la calle del Príncipe hacia el norte, se encuentra el teatro de la Comedia, edificado en 1875 y con un interior en el que predomina la decoración neoárabe, algo frecuente en las salas teatrales madrileñas. El edificio también sufrió un par de incendios desde que fue construido.

De nuevo en Santa Ana, es interesante asomarse brevemente a la vecina **plaza del Ángel.** En ella estuvo otro corral de comedias, el de la Cruz, durante los siglos XVI y XVII, que rivalizaba con el del Príncipe. Desapareció en el siglo XVIII y hoy su lugar lo ocupa un agradable café donde puede escucharse *jazz* en vivo.

El paseo puede continuar bajando por la calle de Huertas, llamada así por ser este un terreno en el que hubo abundantes y al parecer muy feraces campos de cultivo, propiedad de los frailes que ocupaban el monasterio de los Jerónimos. En esta calle vivió Cervantes unos años y, al parecer, no guardaba muy buen recuerdo de su estancia aquí, ya que en su libro *Viaje al Parnaso,* publicado en el año 1614, calificaba de abominable la casa que habitaba.

Si se quiere ampliar la evocación cervantina, se puede salir un instante a la vecina calle de Atocha y ver, en el número 85, la placa que conmemora el lugar donde estuvo la imprenta de Juan de la Cuesta, que publicó la primera edición de El *Quijote* en 1605.

● PALACIO DEL MARQUÉS DE UGENA (D4)

Volviendo a Huertas, en la esquina con la calle del Príncipe se encuentra el antiguo palacio del Marqués de Ugena, un bello ejemplo del barroco madrileño, construido a mediados del siglo XVIII por Pedro de Ribera. El edificio lo ocupa en la actualidad la Cámara de Comercio e Industria. Destacan en él, sobre todo, el diseño de la portada y del balcón superior.

Algo más abajo, en la plaza de Matute, está el edificio modernista conocido como la **Casa de Pérez Villaamil.** El modernismo no tuvo en la capital mucha expansión y son escasos los edificios de este estilo.

Si el visitante está interesado en este tipo de arquitectura, puede acercarse a la cercana plaza de Antón Martín, girar al sur por la calle de Santa

Plaza de Lavapiés.

Isabel y ver la fachada del antiguo Cine Doré, actualmente sede de la **Filmoteca Española,** una de las mejores construcciones modernistas de la ciudad.

● REAL ACADEMIA DE LA HISTORIA* (D4)

A través de la calle Huertas, cuesta abajo, y en la esquina con la calle de León es interesante detenerse ante el edificio de la Real Academia de la Historia. La obra fue proyectada por Juan de Villanueva y construida en un largo período, entre los años 1788 y 1874. En principio estaba destinado a ser la casa de oración en Madrid de la comunidad religiosa de El Escorial. Lo que explica la existencia en la fachada de un relieve que representa la parrilla de San Lorenzo.

En su interior hay una biblioteca con una magnífica colección de libros incunables. Cuenta así mismo con piezas arqueológicas y numerosas pinturas, entre las que se encuentran cinco obras de Goya.

● CONVENTO DE LAS TRINITARIAS (D4)

En la calle Huertas y ocupando toda una manzana, se alza el sólido edificio del convento de las Trinitarias. Cervantes y Lope

tuvieron sendas hijas que profesaron como monjas en él.

En la capilla del convento fue enterrado Miguel de Cervantes, lo que recuerda una placa en la fachada. Sin embargo, sus cenizas permanecen perdidas. Ello no es óbice para que cada año, el 23 de abril, los integrantes de la Real Academia Española de la Lengua se reúnan en este lugar en pleno y en sesión extraordinaria para rendir homenaje al escritor.

Las calles traseras del convento, las que dan al norte, llevan todas ellas los nombres de los grandes autores del Siglo de Oro, que vivieron en el barrio. Lope y Góngora habitaron en la actual calle de Cervantes –paradójicamente ambos se detestaban y más de una vez se insultaron en sus versos– y la casa del primero se conserva como **museo.** Guarda algunos de los muebles y objetos que pertenecieron a este dramaturgo creador de la comedia española. La casa refleja con fidelidad el ambiente de las viviendas de aquel tiempo.

● PARROQUIA DE SAN SEBASTIÁN (D3)

No muy lejos del convento de las Trinitarias, en la esquina que forma la calle de Atocha y la de San

Cine Doré

Estatua de Eloy Gonzalo.

Sebastián, está esta parroquia, donde se conservan las actas de defunción de Lope y Cervantes y donde fue enterrado el primero de ellos. Aquí fueron bautizados don Ramón de la Cruz y los premios Nobel José Echegaray y Jacinto Benavente, y celebraron sus bodas Bécquer, Larra y Zorrilla, este último autor del famoso *Don Juan Tenorio*. También esta iglesia sirvió como escenario de buena parte de la novela *Misericordia* de Benito Pérez Galdós.

Calle Huertas abajo se entra en una zona de pequeños cafés, bares de copas y restaurantes, frecuentados por gente joven; algunos ofrecen música en vivo.

● PLAZA DE LAVAPIÉS★ (F4)

Saliendo ya del triángulo literario del Siglo de Oro, se pueden visitar algunas otras zonas cercanas. Descendiendo hasta la glorieta del Emperador Carlos V y girando en dirección suroeste, por la calle de Argumosa se llega a la plaza de Lavapiés. Es el centro de un barrio muy antiguo donde se instaló la población judía en los días de Felipe II, cuando era un arrabal de la antigua ciudad. Lavapiés formó parte de lo que se denominó en otra época barrios bajos, nombre que nada tiene que ver en su origen con el carácter social o moral de la zona, sino con el hecho de que se extendían en la parte más baja de la ciudad, donde fluían entonces los arroyos que alfombraban toda la villa, a los pies de la elevada colina del Alcázar donde hoy se alza el Palacio Real. El nombre de Lavapiés no tiene nada que ver con el aseo corporal, sino que viene del arroyo del Avapiés.

Cuando los judíos fueron obligados a convertirse al cristianismo si no querían ser desterrados de España, los que se fueron se llevaron las llaves de sus casas con la esperanza de volver algún día. En la actualidad Lavapiés se ha convertido poco a poco en un crisol de culturas, debido al asentamiento de familias de inmigrantes de países árabes, africanos, asiáticos... Un placer para quien guste del mestizaje y de la cultura en la calle. La plaza es un lugar popular, repleto de tabernas donde se toman bebidas muy madrileñas, como el castizo "sol y sombra". Asimismo hay aquí pequeñas salas de teatro donde se representan obras de vanguardia.

● LA CORRALA★ (F3)

Hacia las calles Sombrerete y Tribulete puede verse, entre ambas vías, un edificio singular. Se trata de la Corrala, declarada monumento nacional en 1977. La peculiaridad de la construcción dota a la Corrala de un aire original e, incluso, bello y armonioso. La de Sombrerete y Tribulete no es la única corrala de Madrid y, tal vez, no sea tampoco la más característica en su estilo. Pero sus vecinos han conseguido hacer de ella la más representativa.

Los corrales de comedias

La expresión corral de comedias es bastante expresiva de lo que eran los teatros en el Siglo de Oro español, y concretamente en Madrid, donde los más famosos fueron el del Príncipe y el de la Cruz. En general, para hacer un corral no era preciso más que levantar algunas construcciones de made-

ra en una plaza pública e, incluso, en el espacio delimitado por dos hileras de casas. Así sucedió con los de la Cruz y el Príncipe, que en los dos extremos se cerraban con andamios de madera, donde se efectuaba la representación. Había un balcón reservado al público femenino, que se llamaba "cazuela". Para el público de calidad había un amplio balcón de madera en una parte alta y se llamaba "aposento". Próximos al escenario se disponían también algunos bancos, donde se sentaban quienes pagaban las entradas más caras. En las casas vecinas, podían alquilarse balcones, pero los vecinos veían las obras gratis. La mayor parte de la gente

tenía que ver la comedia de pie, bajo el sol o el frío, pues no había cobertura. Las obras se suspendían en caso de lluvia.

La fiebre del teatro en el Siglo de Oro era comparable a la del cine en los años 50 y la de la televisión en la actualidad. Las obras solían representarse entre las 2 y las 4 de la tarde, pero desde un par de horas antes se abrían las puertas para que fuera entrando el público. Mucha gente intentaba pasar sin pagar, alegando, rango social, su condición de funcionario público o su amistad con el autor o los actores. Los hombres de letras tenían asegurada su entrada gratis.

Por ello se hicieron disposiciones especiales para los corrales como aquella que señalaba que "todos los alguaciles y escribanos paguen, y no como al presente se hace, que además de no pagar, se llevan dos o tres personas consigo y las meten de balde". Se autorizaba a ir armados a los acomodadores, "para la defensa de sus personas por el riesgo que tienen allí de su vida en las cobranzas".

En los descansos entre los tres actos en que se dividía cada obra dramática, se representaban entremeses, breves escenas de la vida cotidiana que gustaban mucho al público. Los "mosqueteros" eran los aficionados más entendidos de la época, y de sus aplausos o pateos dependía el éxito o fracaso de una obra.

● PALACIO DEL MARQUÉS DE PERALES (E3)

Subiendo por la calle de Lavapiés se llega a la de la Magdalena. A la derecha queda el palacio del Marqués de Perales. Es una de las mejores obras de Pedro de Ribera. Su portada, profusamente decorada, es magnífica.

A la izquierda se abre la **plaza de Tirso de Molina,** otro de los grandes dramaturgos del Siglo de Oro, cuya estatua adorna el centro de la glorieta.

● EL RASTRO★ (E-F2-3)

Este recorrido conviene hacerlo en domingo, pues si se desciende desde la plaza de Tirso de Molina por la calle del Duque de Alba, hasta la de los Estudios, se entra a la izquierda en el famoso Rastro madrileño, una verdadera institución en el Madrid popular.

Comienza en la plaza de Cascorro, donde se levanta el **monumento a Eloy Gonzalo,** un héroe madrileño de la batalla de Cascorro, durante la guerra de Filipinas.

El mercado desciende hacia el sur por la Ribera de Curtidores, extendiéndose a las calles y plazas laterales como Vara del Rey, Carlos Arniches,

San Cayetano y Fray Ceferino González. Cada zona está especializada en la venta de determinados productos. En San Cayetano, por ejemplo, se venden pinturas y grabados, mientras que Fray Ceferino es la calle de los pájaros.

Conviene visitarlo a hora temprana de la mañana, ya que a partir de las doce del mediodía se forma una verdadera riada humana que inunda el lugar que comienza a vaciarse de gente y tenderetes a partir de las dos y media. Por supuesto, se recomienda el regateo, aunque hay que ser muy hábil, porque no es fácil que el vendedor baje el precio.

El Rastro es un lugar de compraventa de casi todo, y centro de reunión de madrileños de todas las clases sociales, que se mezclan con numerosos forasteros. Los coleccionistas rebuscan en los tenderetes dedicados a la venta de sellos, monedas, relojes antiguos, grabados, colecciones de periódicos de otros tiempos, medallas militares y discos y libros usados.

Una ciudad no solamente se visita para contemplar sus museos y monumentos, sino también para comprar algún recuerdo. El Rastro es uno de los mejores lugares para encontrar un recuerdo original de Madrid. ◆

La Corrala

El Madrid de la Ilustración

Al elenco de arquitectos formado por el italiano Francisco Sabatini y los españoles Ventura Rodríguez y Juan de Villanueva se deben muchos de los monumentos de Madrid pero especialmente la zona del paseo del Prado, sin duda uno de los lugares más bellos de la capital española. Ellos fueron los arquitectos favoritos de Carlos III, un rey ilustrado que se empeñó en hacer de la ciudad una digna capital de lo

Estación de Atocha.

que era entonces un inmenso imperio. El monarca, educado en Nápoles, tenía gustos refinados, siendo un profundo admirador del arte neoclásico. Carlos III encontró en Madrid una ciudad sucia, maloliente, atrasada en muchos aspectos con relación a otras ciudades europeas. El rey tomó las primeras medidas dedicadas a limpiar la ciudad, como crear un servicio de alcantarillado y otro de recogida de basuras, así como

la imposición de normas referidas a la salubridad pública. Y se propuso, al mismo tiempo, hacer de la villa una ciudad culta, una urbe que pudiera exhibir interés y gusto por la ciencia. Para su proyecto ilustrado, el rey Borbón eligió la zona del paseo del Prado aunque murió antes de ver concluido su ambicioso plan, que incluía la construcción de un museo de Ciencias Naturales (hoy Museo del Prado), un Jardín Botánico y un Observatorio Astronómico. Sin duda dejó a los madrileños como herencia uno de los lugares más hermosos de la capital.

Desde el siglo XVI, el actual paseo, que ocupa la ancha avenida que va desde la glorieta de Atocha (o del Emperador Carlos V) hasta la plaza de la Cibeles, fue un lugar muy frecuentado por los madrileños, sobre todo durante el verano. La zona era fresca, sombreada por altos álamos y aunque corría paralelo al paseo un arroyo de aguas fétidas, en aquel tiempo parecía que a la gente no le molestaban excesivamente los malos olores. La avenida se llamó en un principio Prado de los Jerónimos o Prado de Atocha. A ciencia cierta no se sabía si los terrenos pertenecían a la basílica de Atocha o al convento de los Jerónimos. Ante la duda se declararon propiedad municipal y el Ayuntamiento, ya en el siglo XVI, pensó en urbanizarlos. No obstante, poco se hizo y hubo que esperar al siglo XVIII para que se acometieran las grandes obras cuyo resultado es el que hoy se puede ver.

● GLORIETA DEL EMPERADOR CARLOS V (F5)

Es conocida como glorieta de Atocha, por concluir aquí la famosa calle madrileña de este nombre. Es una plaza muy animada, ya que en la zona se halla uno de los nudos de comunicaciones más importantes de la ciudad. En el lado meridional de la glorieta se encuentra la **estación de Atocha,** que entró en funcionamiento en 1851 con la línea ferroviaria Madrid-Aranjuez. La antigua estación es una excelente muestra de la arquitectura en hierro. Tiene una gran bóveda de cristal y hierro, que forma un amplio frente diáfano, rematada por una esfera terrestre a la que rodean animales fantásticos tallados también en hierro. Los antiguos andenes se han convertido en un jardín.

Los amantes de los trenes pueden pasar aquí un buen rato y acercarse al **Museo de Ferrocarriles** en la Estación de las Delicias, no muy lejana a la de Atocha, que ofrece una visión de conjunto de la historia del ferrocarril.

● MUSEO NACIONAL CENTRO DE ARTE REINA SOFÍA★★ (F5)

Frente a la estación de Atocha, en el marco de la plaza y en su lado occidental, se halla el antiguo hospital de San Carlos, proyectado por Sabatini en 1756 en respuesta al plan de Carlos III de dotar a Madrid de centros sanitarios modernos. Es interesante el gran patio del edificio, que cuenta con tres pisos con arcadas. Alberga el **Museo Nacional Centro de Arte Reina Sofía** (MNCARS), de imprescindible visita para conocer la historia del arte español en el siglo XX. La fachada que da a la calle Santa Isabel ha sido modernizada con ascensores exteriores en espectaculares estructuras de vidrio.

El centro cultural tiene sus dependencias distribuidas para dos fines:

Ministerio de Agricultura.

grandes exposiciones temporales de arte contemporáneo y colección del museo. Ésta se expone en las plantas segunda y cuarta, dividida en obras, movimientos y autores: de finales del siglo XIX a los años 40 en la planta segunda y desde estos años a mediados de los 80 del siglo XX en la planta cuarta. La gran atracción del museo es *El Guernica,* obra cumbre de Picasso.

Junto al gran cuadro se exponen dibujos y bocetos previos a su realización.

El Museo Reina Sofía ha sido ampliado con tres nuevos edificios proyectados por Jean Nouvel. El primero está dedicado a albergar dos salas de exposiciones temporales, en el segundo hay dos auditorios y el tercero enlaza el restaurante-cafetería con la biblioteca. La parte antigua y la nueva están unidas por una vigorosa cubierta volada. El patio central se configura como inteligente nudo de articulación de los edificios de la ampliación y como espacio abierto al público y a la ciudad.

● CUESTA DE MOYANO (E5)

Por el lado noreste de la plaza de Atocha, sube una calle muy tradicional de Madrid, la cuesta de Moyano. En ella tiene lugar, en casetas de madera, un activo comercio de libros nuevos y usados entre los que los coleccionistas encuentran, de cuando en cuando, piezas de valor. Los domingos es una calle muy animada. Por unas obras de remodelación urbana, los puestos se han trasladado temporalmente al paseo del Prado.

Por el paseo de la Infanta Isabel, que sale al lado oriental de la plaza, se llega al **Museo de Etnología,** instalado en un edificio construido en 1875. Guarda objetos de culturas primitivas y testimonios de interés etnológico.

No muy lejos, en la acera de enfrente, se encuentra el **Panteón de Hombres Ilustres,** con algunas tumbas de mérito debidas a escultores como Querol y Benlliure, donde reposan los restos de personajes célebres como Cánovas y Sagasta.

Auditorio. Centro de Arte Reina Sofía.

● PASEO DEL PRADO★ (D-E5)

En la glorieta de Atocha comienza el largo paseo del Prado, con bulevares ajardinados que llegan hasta Cibeles. De inmediato, a la derecha, está el **Jardín Botánico,** obra de Juan de Villanueva, construido en 1781. Con anterioridad había existido un Botánico en Aranjuez, durante el reinado de Felipe II. En Madrid, en época de Fernando VI, se instaló otro en el Soto de Migas Calientes, en las orillas del Manzanares. Carlos III decidió la instalación del actual y encargó toda la parte relativa a la plantación de las especies vegetales al botánico Gómez Ortega. Destacan el invernadero con su columnata y las portadas que dan al paseo y la pequeña plaza de Murillo. Durante los años finales del siglo XVIII fueron llegando a Madrid todo tipo de plantas y árboles de todos los confines del enorme imperio español.

● PLAZUELA DE LAS CUATRO FUENTES★ (E5)

El jardín termina en la plaza de Murillo, que se abre a su izquierda en la aneja plazuela de las Cuatro Fuentes. Estas cuatro fuentes que rodean la glorieta son del año 1781 y fueron proyectadas por Ventura Rodríguez,

Un paseo de gente ilustre

Toda la zona del Prado, y en especial su paseo, durante siglos ha dado pie a los escritores para describir extensamente cuanto allí podía verse y cuanto allí sucedía.

Quevedo, en su famosa obra Vida del Buscón, *situaba algunas escenas de la novela en este lugar madrileño; el conde de Villamediana, famoso y noble galanteador que fue asesinado en Madrid el año 1622, escribía a propósito del paseo: "me consta que es pisado por muchos que debiera ser pacido". Lope de Vega, en carta al duque de Sessa, decía así: "Madrid sigue lo mismo que cuando vuesa merced lo dejó: el Prado, carruajes, mujeres, polvo, ejecuciones, comedias, mucha fruta y muy poco dinero."*

Pese a que, antes de su urbanización por Carlos III, fue lugar de no pocas reyertas nocturnas, Pedro Medina, citado por Mesonero Romanos, da esta imagen idílica en 1543, antes de que Madrid fuese capital: "Aquí se goza con gran detalle y gusto de la frescura del viento todas las tardes y noches de estío, y de muchas buenas músicas, sin daño, perjuicios ni deshonestidades por el buen cuidado y diligencia de los alcaldes de la corte."

El Prado fue, durante siglos, lugar elegido por las mujeres para mostrar su coquetería y en consecuencia muy frecuentado por los "mirones" de la época. Gautier, que visitó España en 1840, dice: "En el Prado se ven pocas mujeres con sombrero. Sólo se ven mantillas. La mantilla española, en negro o en blanco, se coloca en la parte posterior de la cabeza encima de una peineta; algunas flores situadas en las sienes completan este adorno, que es uno de los más encantadores que puedan imaginarse. Una mujer con mantilla tiene que ser tan fea como las tres virtudes teologales para no parecer hermosa."

encargándose de esculpirlas Francisco Gutiérrez, Roberto Michel y Alfonso Vargas. Representan delfines que juegan con niños tritones.

Se cruza junto al **Museo del Prado.** El edificio del museo concluye en la plaza de Cánovas del Castillo. El centro de la plaza está adornado con la **fuente de Neptuno,** dios latino del mar. Fue también proyectada por Ventura Rodríguez y fue realizada por Juan Pascual de Mena en 1780. Neptuno empuña un tridente, alzado sobre un carro en forma de caracola del que tiran caballos marinos, entre dos altos chorros de agua que caen sobre un estanque circular. A esta plaza se asoman los dos hoteles más característicos de Madrid, construidos a principios del siglo XX en un estilo de gusto francés, el **Ritz,** en el flanco derecho, y el **Palace,** en el izquierdo.

También en el flanco occidental, formando esquina entre la carrera de San Jerónimo y el paseo del Prado, se encuentra el **palacio de Villahermosa,** de estilo neoclásico, que alberga el **Museo Thyssen-Bornemisza.** Contiene parte de las colecciones privadas del barón y de la baronesa von Thyssen, uno de los más

Interior del edificio de la Bolsa.

importantes conjuntos de pintura antigua y moderna de propiedad particular. La colección consta de más de mil cuadros. De los maestros antiguos destacan lienzos como *Joven caballero en un paisaje,* de Carpaccio; *Santa Catalina de Alejandría,* de Caravaggio; *Giovanna Tornabuoni,* de Ghirlandaio; *Retrato de familia con un criado negro,* de Franz Hals, y *Asensio Juliá,* de Goya. Entre los cuadros de maestros modernos encontraremos *Habitación en hotel,* de Hopper; *La ciudad de Nueva York,* de Mondrian y *Hombre con clarinete,* de Picasso.

El tramo que va desde la plaza de Cánovas a la Cibeles se diseñó para hacer de él la parte más elegante del paseo y se conoce como Salón del Prado. En su arranque, a la derecha, se abre en círculo regular la plaza de la Lealtad, en cuyo centro se alza el **obelisco del Dos de Mayo,** levantado en memoria de los madrileños muertos en el alzamiento popular

contra las tropas de Napoleón el 2 de mayo de 1808. El obelisco, obra de Esteban de Ágreda, fue inaugurado en 1840, y en una urna adosada a su pie se guardan las cenizas de algunos de los héroes muertos en aquellos días.

En esta plaza de la Lealtad se encuentra situado el edificio de la **Bolsa de Comercio,** con un espléndido pórtico y una gran escalinata de entrada; data del año 1893 y está inspirado en el de la Bolsa de Viena.

Siguiendo por el Salón del Prado, en el lado izquierdo está situada la **fuente de Apolo,** que fue diseñada también por el arquitecto Ventura Rodríguez y tallada por Alfonso Vergaz. El dios está coronando el monumento, mientras las alegorías de las cuatro estaciones se enmarcan en los cuatro frentes. En el lado derecho del paseo queda el Ministerio de Marina, donde se encuentra el **Museo Naval,** al que se entra por la calle de Montalbán. Lo más interesante de este museo lo constituyen las dos salas dedicadas a la batalla de Lepanto y al descubrimiento de América.

● PLAZA DE CIBELES★★ (C5)

El paseo muere en la ancha explanada de la Cibeles, a la que circundan cuatro grandes edificios: el **palacio de Comunicaciones,** realizado en 1917, al que los madrileños llaman con ironía "Nuestra Señora de las Comunicaciones"; el **Banco de España,** que fue premio de arquitectura en la Exposición de Bellas Artes del año 1884; el **palacio de Buenavista,** actual Cuartel General del Ejército de Tierra, y antigua posesión del Ducado

Fuente de la Cibeles.

de Alba, cuyo primitivo proyecto se debió a Ventura Rodríguez; y el **palacio de Linares,** de 1873, construido sobre el solar del antiguo pósito de la época de Felipe IV. El palacio es de estilo barroco y alberga gran riqueza de pinturas murales, decoración de tallas y mobiliario. Hoy es la **Casa de América,** destinada a promover las relaciones culturales entre España y los países latinoamericanos.

La plaza tiene en su centro la fuente más famosa de Madrid, la **Cibeles,** grupo escultórico que se ha convertido en el emblema de la ciudad. Es también un proyecto de Ventura Rodríguez, la realizaron en el año 1782 Francisco Gutiérrez y Roberto Michel. Cibeles, esposa de Saturno y diosa de la fecundidad, guía un carro del que tiran dos leones. A finales del siglo XIX se le añadieron los amorcillos que arrojan agua sobre el amplio estanque circular que la rodea. Desde Cibeles se puede subir por Alcalá en dirección este; en la acera norte está el **Café Lyon,** antes Lyon d'Or, que fue conocido en el primer tercio del siglo XX por sus tertulias literarias.

● **PUERTA DE ALCALÁ**** (C6)

La monumental Puerta de Alcalá ocupa el centro de la plaza de la Independencia. Fue edificada en 1778 y el proyecto se debió a Francisco Sabatini. Tiene dos vanos en forma de arco en su centro y otros dos, más pequeños y adintelados, en los extremos. Se construyó en granito y piedra blanca, los mismos materiales utilizados en el Palacio Real, y la adornan numerosos motivos labrados por Roberto Michel y Fernando Gutiérrez.

Hay en la Puerta varias cabezas de piedra representando leones y, como dato curioso, podemos decir que una vez se colgó de aquí una cabeza verdadera. Pertenecía a un ajusticiado que había atentado contra la vida de Fernando VII.

Puerta de Alcalá.

Monumento a Alfonso XII y estanque del Retiro.

● PARQUE DEL RETIRO★★ (C-E6)

El parque del Retiro abre su puerta principal en esta plaza. Sin lugar a dudas, con sus 120 ha de terreno y sus más de 60.000 árboles, es un verdadero pulmón para la ciudad y el más hermoso y cuidado de sus parques.

Felipe II utilizó los bosques que había en este parque en el siglo XVI para sus cacerías y se hizo instalar, en las proximidades, un oratorio para su retiro y meditación.

Fue pomposamente proclamado como Real Sitio del Retiro cuando el Conde Duque de Olivares, valido de Felipe IV, mandó construir un gran palacio para su rey y un extenso parque privado a su lado. Los jardines se inauguraron en 1630 con espectaculares fiestas, en las que hubo fuegos artificiales y conciertos ejecutados por músicos instalados en barcas en el centro del estanque. Carlos III, más de un siglo después, abrió parte de sus dependencias al público. Hoy, los jardines pertenecen al Ayuntamiento y, en consecuencia, a todos los madrileños, que los domingos por las mañanas acuden en buen número para pasear, hacer deporte, remar en las barcas del estanque o contemplar los espectáculos de marionetas, mimo y musicales ofrecidos por artistas ambulantes y a escuchar los conciertos que todos los domingos a las 12 del mediodía ofrece la Banda Municipal de Madrid, excepto en los meses de invierno.

Aunque el Retiro entró en decadencia después del reinado de Felipe IV, los reyes de la dinastía Borbón, en especial Carlos III, quisieron dotarlo de nueva vida. Las verjas se instalaron durante el reinado de este último rey, que también hizo construir en su interior un Observatorio Astronómico y la Real Fábrica de Porcelana, hoy desaparecida, con la que quería rivalizar con la fábrica francesa de Limoges. Fernando VII creó la llamada Casa de Fieras, un parque zoológico que siguió existiendo hasta la década de los 60 del siglo XX.

Alfonso XII impulsó también obras de carácter cultural y en su época se construyeron en el interior de los jardines el Observatorio Geodésico y la Escuela de Ingenieros de Caminos.

De finales del siglo XIX son dos de las edificaciones más interesantes del interior del parque: el **palacio de Velázquez** y el **palacio de Cristal.** También de finales de siglo son el **monumento al Ángel Caído** y el de **Alfonso XII,** que preside el estanque.

Hay varias **fuentes** en el Retiro, como la de los Galápagos y la de la Alcachofa, que en otro tiempo estuvieron situadas en otros lugares de Madrid. Hay también numerosas estatuas, y entre ellas muchas de las que, en un principio, se tallaron para adornar la fachada del Palacio Real y que representan a los reyes

El Ángel Caído.

Los madrileños

A lo largo de su relativamente corta pero intensa historia, los madrileños han recibido apodos muy variados, algunos referidos a clases sociales concretas y otros a los habitantes de esta ciudad en general. Incluso algunos oficios han tenido mote propio, como es el caso de los herreros, que en los siglos XVIII y XIX eran conocidos en Madrid como chisperos. La costumbre de bautizar empleos a la madrileña ha seguido luego viva: al limpiabotas se le conocía como limpia, al dentista sacamuelas y al médico matasanos. Más recientemente, hay otros apodos que han hecho fortuna, como llamar a los guardias municipales guindillas y al resto de la policía maderos, mientras que a los extranjeros que visitan la ciudad se les conoce como guiris.

Los madrileños se denominan a sí mismos gatos, tal vez porque es costumbre de la ciudad salir de noche y acabar la velada a altas horas de la madrugada, como se supone que hacen los felinos. En el siglo XIX desapareció de Madrid una clase social conocida como los manolos. Había manolos y manolas. Eran gente de oficios inestables, clase social muy baja, amiga de la navaja y la refriega, que vestía de una forma peculiar: los hombres con pantalón acampanado y las mujeres con falda más corta de lo que era habitual en aquel tiempo. Su origen estaba en Lavapiés, el barrio de la judería madrileña. Se sabe que los judíos conversos tenían la obligación de poner Manuel a su primogénito. De ahí viene que abundaran en la zona los manolos cuando, tras la expulsión de los judíos, la opción de la gente era sencilla: o convertirse o irse al destierro.

Luego estuvieron los majos, tantas veces retratados por Goya. Su nombre les venía de las fiestas de mayo, cuando se llevan a cabo las celebraciones del Santo Patrón de la ciudad. Los majos tuvieron un destacado papel en el alzamiento del 2 de mayo contra los franceses. Y en fin, el término chulo, que define también lo madrileño, viene asimismo del hebreo chaul, que quiere decir muchacho. Lo chulo en Madrid no conlleva un acento peyorativo, sino que se refiere más a la presunción y a una cierta elegancia castiza.

españoles. No obstante, las más importantes son las citadas con anterioridad, el Ángel Caído y la de Alfonso XII. La primera fue levantada en la glorieta del mismo nombre, es del escultor Ricardo Bellver y data de 1878, siendo una de las pocas estatuas dedicadas al diablo que existen en el mundo. La segunda, rodeada de un gran complejo monumental cuyo proyecto es del arquitecto Grases Riera, es de bronce y fue esculpida por Mariano Benlliure.

El **Parterre,** en tanto que jardín, la **Rosaleda,** como exposición floral, el **jardín de Plantas Vivaces,** con plantas traídas de otros países, los **jardines de Cecilio Rodríguez,** con su original diseño, y la **Chopera,** una magnífica y sombreada explanada, componen la panorámica natural de este parque ideado, sobre todo, para pasear y relajarse.

Por lo que a los edificios se refiere, y aparte de algunos pequeños templetes y construcciones menores como la **Casita del Pescador** y el **templete de música,** destacan tres: los ya citados palacios de Velázquez y de Cristal y el Observatorio Astronómico. El primero se concibió como palacio para exposiciones y se inauguró en 1883. Su autor fue Ricardo Velázquez. Destacan en el edificio la utilización de ladrillo de dos colores y los azulejos obra de Daniel Zuloaga, que fueron cocidos en la Escuela de Cerámica de la Moncloa.

Palacio de Cristal del Retiro.

El **palacio de Cristal** se construyó en 1887 para la Exposición de Filipinas que se celebró en el mismo año. Es la mejor muestra que tiene Madrid en arquitectura de hierro y cristal, realmente un hermoso edificio. Su autor fue también Ricardo Velázquez, que se inspiró en el Crystal Palace de Londres. Su estructura tiene inspiración gótica y destaca la espléndida cúpula. Las partes del edificio no acristaladas se adornan con cerámicas que son también obra de Daniel Zuloaga. Acoge exposiciones temporales del Centro de Arte Reina Sofía.

El **Observatorio Astronómico** formaba parte del proyecto ilustrado de Carlos III. Fue diseñado por Juan de Villanueva en 1785, aunque no comenzó a construirse hasta cinco años más tarde. Los franceses, al ocupar

Madrid, destrozaron una buena parte del edificio y el observatorio ha tenido que ser restaurado posteriormente aunque con un gran respeto al proyecto original. Su estilo es austeramente neoclásico, con un pórtico ornado de columnas de orden dórico, sin duda uno de los más bellos del siglo XVIII madrileño.

Una de las salidas de los jardines es la **puerta de Felipe IV,** situada al lado del Parterre, puerta de estilo barroco, la más antigua del parque, ya que fue realizada en el año 1680 según el proyecto de Melchor de Bueras. Sirvió como arco triunfal con ocasión de la llegada a la ciudad de las dos esposas de Carlos II, la reina María Luisa de Orleans, en 1690, y diez años más tarde, Mariana de Neoburgo.

En la calle de Alfonso XII, que corre paralela al parque del Retiro, se alzan varios palacios, la mayoría de ellos fechados a finales del siglo XIX y a comienzos del XX. Fueron casas de nobles y hoy son lugar de residencia de gente adinerada (sobre todo corredores de la cercana Bolsa) aunque muchos son hoy locales de oficinas. Detrás de ellas y descendiendo hacia el paseo del Prado nuevamente, se extiende uno de los barrios más elegantes y ricos de Madrid, en torno a la iglesia de los Jerónimos.

Frente a la puerta de Felipe IV estuvo el enorme palacio que mandó construir el Conde Duque de Olivares para Felipe IV, aunque algunos historiadores piensan que se trataba de una jaula de oro para el monarca, pensada así por el valido para poder hacer y deshacer a su antojo en los asuntos de Estado.

El palacio fue destruido casi por completo a manos de las tropas francesas que ocuparon Madrid a partir de 1808, que eligieron esta zona de la capital para instalar su cuartel general y su campo de maniobras.

Del antiguo y rico palacio sólo quedan dos dependencias, las que fueron **Salón de Reinos** y el antiguo Salón de Bailes, este último llamado **Casón del Buen Retiro.** En la actualidad, ambos edificios han pasado a formar parte del conjunto museístico del Prado.

Casón del Buen Retiro.

En esta zona destacan también la **Real Academia Española de la Lengua,** situada un poco más abajo del Casón, entre las calles Felipe IV y de la Academia. Las obras del edificio concluyeron en 1894, aunque la institución académica, responsable de la edición del Diccionario de la Lengua Castellana, data de 1713. Forman la Academia 39 miembros numerarios y su cargo tiene carácter vitalicio.

Finalmente, la **iglesia de San Jerónimo el Real** o de los Jerónimos se singulariza por ser un edificio muy enraizado en Madrid, presente en numerosos grabados. En el mismo solar se alzó un templo construido por orden de los Reyes Católicos en 1505, pero hubo de ser restaurado en muchas ocasiones en años posteriores, especialmente después del gran destrozo causado por las tropas napoleónicas, sobre todo en la portada y el altar mayor. Las torres y pináculos, tan incorporadas ya al paisaje madrileño, son de estilo neogótico y datan de 1859. En este templo se casó Alfonso XII y fue coronado don Juan Carlos I.

El "cubo de Moneo", el nuevo edificio del Museo del Prado ideado por este arquitecto, se ha levantado en torno al claustro de esta iglesia.

El Madrid ilustrado termina aquí. Sigue siendo un lugar sereno y limpio, un elegante rincón de la ciudad. Además, el triángulo que forman el Museo del Prado, el palacio de Villahermosa y el Centro de Arte Reina Sofía tiene relevancia universal en el campo de la pintura. ◆

Casa de Vacas del Retiro.

El Madrid Moderno

El centro de Madrid hasta comienzos del siglo XX lo componían en su mayoría callejuelas muy estrechas, casi una selva de pequeñas vías donde proliferaba la delincuencia y donde las condiciones higiénicas no eran precisamente las más idóneas, a pesar de las medidas que tomara a finales del siglo XVIII el rey Carlos III. Desde mediados del siglo XIX comenzaron a impulsarse proyectos que intentaron remediar los múltiples problemas que aquejaban el centro de la capital y la idea de construir grandes vías que descongestionasen la zona central de Madrid había ido ganando terreno. A la villa llegaban además noticias fascinantes sobre la remodelación urbana emprendida en París por el barón Haussman, que con los bulevares había logrado dos objetivos: embellecer la ciudad dándole un carácter grandioso y conseguir que disminuyeran los índices de delincuencia y de rebeldía política, pues la labor policial quedaba facilitada al eliminarse los múltiples escondrijos que proporcionaban las callejas del centro de París. Desde 1862, comenzaron a elaborarse en Madrid proyectos urbanos tendentes a descongestionar la ciudad.

Edificio Metrópolis, en la calle de Alcalá.

Todo aconsejaba una gran vía que pudiera, además, unir el sector de Cibeles, Alcalá y el Prado con el barrio de Argüelles, donde las clases más acomodadas y sectores de la nobleza habían trasladado sus principales residencias. No obstante, los proyectos, por razones fundamentalmente económicas, no acababan de salir adelante, e incluso los madrileños se burlaban de esa idílica gran avenida que iba a hacer de Madrid una ciudad moderna y tan lujosa como París. El músico Federico Chueca, en la famosa zarzuela *La Gran Vía*, ridiculizó el proyecto de 1886. Y los chistes alusivos a esta cuestión proliferaron en los medios de comunicación de la época.

● GRAN VÍA★ (C3-4)

Finalmente, se aprobaron las obras y se reunió el capital para acometerlas. El 4 de abril del año 1910, el rey Alfonso XIII dio los primeros golpes de demolición de un edificio con una piqueta de oro. Así comenzó la Gran Vía, cuya primera casa se alzó en el actual número 8 de la calle, en la esquina con Víctor Hugo, mientras que la última terminó de construirse en 1952.

Edificio del BBVA, en la calle de Alcalá.

La calle tiene tres tramos: el que va de la calle de Alcalá a la Red de San Luis, de la Red de San Luis a la plaza del Callao y el de Callao a la plaza de España. En la primera zona proliferaron edificios muy al gusto francés, pues París marcaba la pauta de la época. En los otros dos tramos está presente la moda norteamericana.

A pesar de imitar lo extranjero, la Gran Vía ha sido durante décadas una calle muy madrileña, casi el orgullo de la ciudad, que veía en esta gran avenida el símbolo de su modernidad, de su adecuación a los nuevos tiempos marcados por el siglo XX. No obstante, pasada la década de los 50, ante los nuevos problemas urbanísticos y debido al empuje que han cobrado otras zonas de la ciudad, la importancia de la Gran Vía ha languidecido. Hoy es una zona en fuerte proceso de terciarización, ya que la mayoría de sus edificios se utilizan para actividades comerciales o de ofi-

cina. Durante el día, es un área muy animada de la ciudad. Al caer la noche continúa la actividad por las grandes salas de cine que hay en la avenida. Pero la Gran Vía se duerme temprano, abandonada de paseantes. Incluso hay zonas, sobre todo en su parte norte, a la altura de la Red de San Luis, donde no es aconsejable transitar por la noche.

Se puede iniciar el paseo en la gran esquina que forman la calle de Alcalá y la propia Gran Vía. El edificio que cubre todo el ángulo es el **edificio Metrópolis.** Cuenta con una magnífica rotonda de columnas corintias y entablamentos rematados con grupos escultóricos; sobre su cúpula se alza la estatua de una Victoria Alada.

En la acera del lado norte, justo donde concluye Alcalá y casi en la esquina con la calle del Marqués de Valdeiglesias, está la **iglesia de San José,** que data del año 1773. Su proyecto original fue de José de Ribera.

Una vía a lo grande

En la época en que comenzó a construirse, el año 1910, la Gran Vía fue el proyecto más importante que Madrid había conocido después de las obras del palacio del Retiro en tiempos de Felipe IV y las del paseo del Prado durante el reinado de Carlos III. No obstante, aquellas obras se realizaron en terrenos no urbanizados, sobre huertas y desmontes, mientras que los trabajos de apertura de la Gran Vía supusieron impresionantes tareas de derribo y cambiaron por completo la antigua fisonomía de esa parte de la ciudad.

La longitud de la Gran Vía es de 1.315 m en sus tres tramos y ocupa una superficie total de 141.150 m^2, de los cuales 101.409 pertenecían a inmuebles expropiados y los restantes eran vías públicas. Fueron demolidas 311

casas antiguas y se construyeron 11 parcelas ya desocupadas y 33 solares que se hallaban vacíos en aquel tiempo. Se borraron 14 calles del antiguo mapa y otras 54 quedaron cortadas en los laterales de la gran avenida. El primer edificio de la larga y ancha calle se encuentra en el actual número 8, en la esquina con la calle Víctor Hugo. Fue construido en 1916 por el arquitecto Francisco Pérez de los Cobos. Su dueño fue don José Antonio Becerril. El solar, que habían ocupado cuatro casas, costó en aquella época la cantidad de 207.433,04 pesetas
y ocupaba una superficie de 495,54 m^2. En sus bajos hubo un famoso salón de té inaugurado en 1917, en el que se servía la infusión con diversos bollos por la cantidad de 1,50 pesetas, lo que se consideraba caro para aquellos años.

La última casa de la Gran Vía ocupa el número 72 de la calle y se encuentra situada entre el cine Pompeya y el hotel Menfis. Su arquitecto fue Enrique Colas Hontán, quien la terminó en 1952 para la compañía Construcciones Aurora. Hoy es el hotel Washington, nombre muy apropiado para este tramo de la Gran Vía, en el que hay varios edificios con marcada influencia norteamericana.

La Gran Vía, populosa durante el día y lánguida durante la noche, nunca ha despertado grandes amores entre los madrileños, a pesar de ser una avenida muy significativa de la ciudad. El arquitecto Chueca Goitia la calificó en su libro Semblante de Madrid *como "estulticia arquitectónica".*

Hay algunas imágenes interesantes en su interior. En una antigua iglesia que ocupó el mismo solar que la actual, en el mismo lugar, fue ordenado sacerdote Lope de Vega.

Subiendo por la acera sur, en el número 17 de la calle y abierto a la calle de Caballero de Gracia, se encuentra el **oratorio del Caballero de Gracia,** un curioso templo madrileño. La fachada que da a la Gran Vía se construyó en 1916, mientras que la anterior fue rematada en 1832. El edificio es de estilo neoclásico y cuenta, en su interior, con unos magníficos frescos en la cúpula, debidos a Zacarías González Velázquez.

El **edificio de la Telefónica,** en la Red de San Luis, es una imponente mole levantada en 1929 y se la conoce como primer rascacielos de Madrid. Su primer proyecto se debió a un arquitecto neoyorkino, Lewis Weelks, empleado de la ITT norteamericana. Las obras, sin embargo, las concluyó el español Cárdenas, que añadió a la fachada algunas formas barrocas de tradición madrileña.

Edificio de Telefónica, en la Gran Vía.

Calle adelante, hay numerosos cines y cafeterías que instalan sus terrazas en verano. En la acera meridional de este tramo se encuentra la **Casa del Libro,** una de las mayores librerías de la ciudad y que, precisamente, cuenta con una surtidísima sección dedicada a temas madrileños. El comercio en esta zona es variado, con algunas tiendas de lujo.

● PLAZA DEL CALLAO (C3)

Llegando a la plaza del Callao, pueden verse dos edificios curiosos: el **palacio de la Prensa,** cuyos bajos ocupa un cine y que muestra una típica decoración *art-déco,* y el **cine Callao,** que imita en su estilo la escuela norteamericana de Chicago. El primero data del año 1926 y el segundo de 1928.

Se puede abandonar por un momento la Gran Vía para tomar hacia el norte la calle Tudescos. Hay en esta zona tres interesantes edificios religiosos que merece la pena ver.

● IGLESIA DE SAN MARTÍN (B3)

Este templo, atribuido a Churriguera, se encuentra en la calle del Desengaño, a la derecha de Tudescos. Es de estilo barroco; su fachada cuenta con dos torres y está realizada con ladrillo rojo. En su interior guarda esculturas religiosas de Pedro de Mena y Gregorio Fernández, así como pinturas de Claudio Coello, Juan Ricci y Carreño.

● SAN ANTONIO DE LOS ALEMANES (B3)

Al final de la calle Corredera Baja, se encuentra San Antonio de los Alemanes, un templo-hospital del año 1606 construido por mandato de Felipe III. La iglesia fue reformada a finales del siglo XIX y no presenta un gran interés artístico, pero en su interior hay hermosos retablos de Miguel Tomás y Juan Garrido, frescos de Lucas Jordán, pinturas de Carreño y una bonita cúpula que fue decorada por Francisco Ricci.

● IGLESIA DE SAN PLÁCIDO (B3)

En la calle del Pez, cerca de San Antonio, se encuentra el convento de San Plácido, obra del año 1661 reformada a comienzos del siglo XX. Fue el escenario de los amoríos de una novicia con Felipe IV, quien regaló al convento, como desagravio por sus pecados, el famoso *Cristo* de Velázquez, hoy en el Museo del Prado. Se conserva en la iglesia una *Anunciación* de Claudio Coello que preside el altar mayor, pinturas de Ricci en las bóvedas y un magnífico *Cristo yacente* de Gregorio Fernández.

Volviendo hacia la Gran Vía, se llega al tramo que une Callao con plaza de España. De nuevo, numerosos cines y comercios ocupan los bajos de los edificios de oficinas.

● PLAZA DE ESPAÑA★ (B1-2)

La Gran Vía va a morir en la plaza de España, espacio ajardinado en cuyo centro se levanta un **monumento** que rinde homenaje **a Cervantes.** El ángulo nororiental de la plaza lo cierran los dos rascacielos que fueron orgullo en décadas pasadas como espejo de progreso económico: la **torre de Madrid** y el **edificio de España.** Ambos fueron proyectados por los hermanos Otamendi en los años 40 y 50.

Plaza de España.

En la actualidad han quedado anticuados si se comparan con los que se levantan en otras zonas de Madrid, especialmente en el complejo Azca, al norte del paseo de la Castellana.

El flanco occidental de la plaza lo ocupa el **Templo Nacional de Santa Teresa de Jesús,** un edificio reciente que imita y mezcla estilos anteriores, del gótico al modernista, con una cúpula decorada en cerámica.

Más interés tiene, en la acera de enfrente, el **edificio Gallardo,** de 1909, bello ejemplo de modernismo, que fue premio del Ayuntamiento de

Madrid a la mejor casa construida durante esos años. Siguiendo hacia el noroeste unos pasos, por la calle de Ferraz, en la esquina con Ventura Rodríguez se encuentra el **Museo Cerralbo,** situado en el palacio del marqués de Cerralbo, académico de Bellas Artes, que lo donó al estado en 1922. Contiene numerosas piezas arqueológicas, de origen prehistórico, romano y cartaginés, especialmente. Abundan también los tapices, las porcelanas y numerosos objetos artísticos. Entre las pinturas, se cuentan lienzos de Zurbarán, Ribera, Van Dyck, Tintoretto, Tiziano y El Greco, además de una colección de dibujos firmados, entre otros, por Tiépolo, Tiziano, Murillo y Goya.

● **CALLE DE LA PRINCESA** (A1)

En su ángulo norte, la plaza de España se abre a la conocida calle de la Princesa, que corre recta hasta concluir en la plaza de la Moncloa. Es una vía muy animada, con grandes almacenes y buenos hoteles, restaurantes y bares. El final de la calle es una zona de reunión para gente joven ya que no muy lejos se encuentra la Ciudad Universitaria. Poco después del cruce con Ventura Rodríguez, junto a una plazuela, está el **palacio de Liria,** propiedad de los duques de Alba. Es la única mansión que queda en esta zona de todas las que se levantaron en esta zona hasta hace dos siglos y que ocupaban, sobre todo, familias de la aristocracia madrileña.

El edificio, del siglo XVIII, fue destruido casi por completo durante la Guerra Civil, pese al cuidado que las autoridades republicanas pusieron por conservarlo, en un bombardeo llevado a cabo por la aviación franquista. En el primitivo edificio, que imitaba los palacios de La Granja y de Oriente,

intervinieron como arquitectos Sabatini y Ventura Rodríguez. Dispone de cuatro fachadas y dos patios interiores, además del gran jardín delantero, que el Ayuntamiento de Madrid cedió a la familia a cambio de otros solares de la ciudad.

Guarda en su interior una extraordinaria colección de obras de arte, propiedad de la casa de Alba, con lienzos de Rembrandt, Rubens, Teniers, El Greco, Zurbarán y Goya, entre otros. Algunas de las dependencias del palacio pueden ser visitadas, previa cita.

Detrás del palacio, por la calle Duque de Liria, veremos el **cuartel del Conde Duque,** fundado en 1720 por Felipe V sobre el solar donde se levantó el imponente palacio del poderoso Conde Duque de Olivares, valido de Felipe IV. Sobre todo, destaca en este edificio, en su lado norte, la portada del arquitecto Pedro de Ribera, barroca, con una decoración desbordada con todo tipo de ornamentos a los que corona el escudo de Carlos III.

No muy lejos, los aficionados a la pintura pueden visitar el **convento de las Comendadoras de la Orden de Santiago,** en la plaza de las Comendadoras. Este edificio del siglo XVII custodia un enorme cuadro de Lucas Jordán, presidiendo el altar mayor, que representa a Santiago luchando contra los árabes.

Volviendo a la calle de la Princesa, a partir del cruce con Alberto Aguilera se abre un bullicioso barrio, sobre todo en las calles adyacentes del lado oriental, con muchos bares, cafeterías, restaurantes de precio medio, bares de copas y discotecas.

Al final de la calle, cerrando ya con la plaza de la Moncloa, se encuentra un edificio de estilo escurialense, el **Cuartel General del Aire,** construido en época del general Franco y que denota ciertas añoranzas imperiales. Lo mismo sucede con el **arco del Triunfo,** imitación de la arquitectura romana, que se construyó para celebrar la victoria nacionalista en la Guerra Civil de 1936.

● **GLORIETA DE SAN BERNARDO**
(f. p.)

Se puede regresar al cruce con Alberto Aguilera y tomar esta calle hacia el este. La primera glorieta que se encuentra es la de San Bernardo o Ruiz Jiménez, de la que arranca, hacia el sur, la calle del mismo nombre, llamada en tiempos calle Ancha de San Bernardo, por haber sido siglos atrás un camino que se convirtió en una de las vías más espaciosas de Madrid.

En la esquina con la calle de Quiñones hay un interesante templo, la **iglesia de Montserrat,** cuya construcción fue iniciada en el siglo XVI y se concluyó en el año 1704. Quedaron, no obstante, sin terminar una de las torres y la gran cúpula. La torre que remata el templo es un bello ejemplo del barroco madrileño. El proyecto se debió a Pedro de Ribera, como la mayoría de los más importantes edificios del barroco de la ciudad.

● **PLAZA DEL DOS DE MAYO***
(A3)

Cruzando por San Bernardo, se toma hacia el este por la calle de Daoíz, hasta alcanzar la plaza del Dos de Mayo. En este lugar se alzaba el cuartel de Monteleón, donde los madrileños y unos cuantos oficiales del ejército opusieron una dura resistencia armada a las tropas de Napoleón el 3 de mayo de 1808. En las refriegas murieron heroicamente gentes cuyos nombres recuerdan las calles del barrio, como los capitanes Daoíz y Velarde,

Plaza del Dos de Mayo.

el teniente Ruiz y la joven Manuela Malasaña, con cuyo nombre se conoce a este sector. Es un barrio muy popular y tradicional de la ciudad, levantado a lo largo de los últimos años del XVII y primeros del XVIII. Por las noches registra una gran animación, debido a la numerosa clientela joven y de mediana edad que llena la calle y sus innumerables locales de diversión.

En la calle de la Palma se puede visitar la **iglesia de las Maravillas** o de los **Santos Justo y Pastor,** templo construido en 1646 y reformado un siglo más tarde siguiendo las pautas del estilo neoclásico. Tiene en su interior dos magníficas pinturas atribuidas a Zurbarán y un bello retablo del siglo XVIII.

● **MUSEO MUNICIPAL** (A4)

Por la calle de la Palma se llega a la calle de Fuencarral, donde tiene gran interés el Museo Municipal, edificio barroco de Pedro de Ribera con una hermosa portada esculpida por Juan Ron en 1726. Este edificio fue en sus orígenes el Hospicio de Madrid, institución que daba albergue a los huérfanos de la villa.

Tiene salas dedicadas a la prehistoria, con restos paleontológicos, manuscritos medievales e interesantes pinturas y esculturas, así como dibujos de proyectos arquitectónicos debidos a Churriguera, Ribera, Sachetti, Villanueva, Ventura Rodríguez y Sabatini. También custodia un cuadro de Goya, *Alegoría de Madrid,* y dibujos de Leonardo Alenza.

● FUENTE DE LA FAMA (A4)

Detrás del museo se abren los **jardines del Arquitecto Ribera,** donde se encuentra una estatua dedicada a la memoria de Mesonero Romanos, uno de los más famosos cronistas de la ciudad. También está en los jardines la fuente de la Fama, una de las más hermosas de Madrid, proyectada en estilo barroco por Pedro de Ribera.

● PALACIO DE LONGORIA★ (A4)

Por la calle de San Mateo abajo, en dirección noroeste, se llega al **Museo Romántico,** una creación del marqués de la Vega Inclán, pionero del turismo en España. Ocupa un palacio dieciochesco (1779) que conserva el ambiente romántico de la época en que fue habitado, los reinados de Fernando VII e Isabel II. No es un museo de grandes piezas artísticas, sino la evocación ambientada de una mansión madrileña del siglo XIX, en la que se han concentrado los modelos románticos de muebles, artes decorativas, cortinas, lámparas, retratos de poetas y artistas del romanticismo español.

Unos metros más adelante, en la esquina de la calle Fernando VI con la calle Pelayo, se encuentra el palacio de Longoria. Construido en el año 1903 sobre un proyecto del arquitecto José Grasses Riera, fue capricho de su propietario, el banquero Javier Longoria, que se construyera en estilo modernista. La influencia de Gaudí, sobre todo en la fachada del edificio, es evidente. En su interior, la escalera, rematada en lo alto por una vistosa vidriera, es de una gran originalidad, armada en hierro con mármol y con una barandilla de bronce profusamente decorada.

Retrocediendo unos pasos y tomando la calle de Hortaleza, se llega a la **capilla del Colegio de San Antón,** que guarda un cuadro excepcional: *La Última Comunión de San José de Calasanz.* Fechado en 1811, se considera el mejor lienzo de tema religioso de cuantos realizó Francisco de Goya.

● PLAZA DE LAS SALESAS (B5)

Retomando la calle Fernando VI y siguiendo por la calle Bárbara de Braganza, se llega a la plaza de las Salesas, donde se encuentran el **Palacio de Justicia** y la **iglesia de Santa Bárbara.**

Ambos edificios forman parte del complejo levantado entre 1750 y 1758 a instancias de la reina doña Bárbara de Braganza, esposa de Fernando VI, que quería traer a España a las monjas de la Orden de las Salesas.

Palacio de Longoria.

El monasterio comprendía el templo, el palacio y múltiples jardines y dependencias. Cuando las monjas fueron exclaustradas, parte del edificio pasó a ser palacio de Justicia e incluso durante un tiempo albergó oficinas de la presidencia del Consejo de Ministros.

Casa de las Siete Chimeneas.

La parte más interesante es la **iglesia.** Una cornisa divide en dos la fachada del templo y hay, en la parte inferior, sólidas pilastras rematadas con capiteles de orden jónico. Las dos estatuas instaladas en sendos nichos de la fachada representan a San Francisco de Sales y a Santa Juana Francisca de Chantal, fundadores de la Orden de las Salesas. El templo se remata con una gran cúpula.

En el interior hay pinturas de los hermanos González Velázquez, Francisco Mura, Giaquinto y Cignaroli. Los sepulcros de Fernando VI y Bárbara de Braganza son obra de Francisco Gutiérrez, y el sarcófago que guarda los restos del general O'Donnell fue realizado en mármol por Suñol y Mendívil.

● TEATRO MARÍA GUERRERO (B5)

Cerca del palacio de Justicia, en la calle de Tamayo y Baus, se encuentra el Teatro María Guerrero, construido entre los años 1884 y 1885. El edificio es un típico y bello exponente de la arquitectura en hierro, realizado por Agustín Ortiz de Villajos.

En la fachada, de estilo clasicista, se emplearon columnitas de fundición. Tiene un interior espléndido, muy amplio, con una delicada decoración de estilo neomudéjar. El local es propiedad del Ministerio de Cultura.

● PLAZA DEL REY (C4)

Saliendo a la calle Almirante y en dirección hacia el oeste, se puede caminar hasta encontrar la calle del Barquillo. Descendiendo hacia el sur, en poco tiempo se alcanza la plaza del Rey, donde se halla un edificio singular, la **Casa de las Siete Chimeneas,** propiedad del Ministerio de Cultura.

Es el edificio más antiguo de Madrid en toda la zona, pues data de 1577. El proyecto original se debió a Antonio Sillero y, aunque ha sufrido numerosas obras de restauración, su traza se mantiene muy semejante a la primitiva. Sirvió de vivienda al marqués de Esquilache, ministro de Carlos III, que concitó las iras de los madrileños por sus decretos destinados a cambiar los modos de vestir de los ciudadanos. La casa fue saqueada por el pueblo amotinado el 23 de marzo de 1766 y a punto estuvo de ser incendiada, cosa que se evitó cuando corrió la noticia entre los asaltantes de que el edificio era propiedad de un español, que lo había alquilado al odiado ministro italiano.

La calle del Barquillo acaba precisamente en el lugar donde se cruzan Alcalá y la Gran Vía, en la misma zona en que empezamos este largo y bello recorrido madrileño. ◆

El Madrid elegante y futuro

El paseo de la Castellana tiene su inicio en la plaza de Colón, como prolongación urbanística del paseo del Prado y del de Recoletos, y sobrepasa la plaza de Castilla hasta morir en el pueblo de Fuencarral. Es, pues, la avenida más larga de Madrid, puede que la más hermosa en muchos de sus tramos, y funciona como la columna vertebral de la ciudad, dividiéndola en dos hemisferios.

Hasta casi mediados del siglo XIX era una larga barrancada donde los madrileños arrojaban basuras y a través del cual discurría un arroyo maloliente. Comenzó a urbanizarse durante el reinado de Isabel II, al tiempo que Madrid crecía también hacia el oriente en lo que es hoy el barrio de Salamanca. Surgieron a los lados del paseo, que en principio se llamó de la Fuente de la Castellana, numerosos palacetes, pertenecientes a la nobleza y clases acomodadas. La mayoría de ellos, como el de Medinaceli, el de la Huerta o el de Larios, han ido desapareciendo para dejar su solar a embajadas, centrales bancarias, hoteles y complejos comerciales. El que es ocupado en la actualidad, por ejemplo, por la embajada de los Estados Unidos, en la plaza de Castelar, fue en su día palacio de Las Huertas y perteneció a don Antonio Cánovas.

De aquella primitiva Castellana quedan, sin embargo, los amplios bulevares sombreados de acacias, donde en verano se instalan terrazas al aire libre que cierran a altas horas de la madrugada y que son uno de los puntos más animados del Madrid alegre y noctámbulo.

Hacia el este de la Castellana se expande el barrio de Salamanca, llamado así en recuerdo del marqués del mismo nombre, que fue quien realizó las inversiones necesarias para financiar esa obra. El barrio se planificó como un ensanche de Madrid para alojar a la alta burguesía y los trabajos se llevaron a cabo entre 1860 y 1920. En estas viviendas se instalaron los primeros cuartos de baño que hubo en la ciudad, los primeros sistemas de calefacción y por sus calles circuló el primer tranvía, tirado por caballos percherones.

El barrio, con el transcurso de los años, no tiene la misma fisonomía que

Jardines del Descubrimiento.

Torres de Colón.

durante el año todo tipo de actos culturales. En el ángulo suroriental de la plaza, ocupando toda una manzana, se encuentra el enorme edificio que alberga la **Biblioteca Nacional** y el **Museo Arqueológico** (en el ala que da a la calle de Serrano).

Este edificio fue el primero de la ciudad en el que se empleó de un modo masivo el hierro como material de construcción. La fachada, a la que se accede por una gran escalinata, muestra un espectacular pórtico, con tres puertas de hierro, numerosas estatuas, una columnata de estilo corintio y un frontón con la alegoría del Triunfo de las Letras, las Ciencias y las Artes. En las dependencias de la Biblioteca Nacional se guardan más de cinco millones de volúmenes.

El Museo Arqueológico, fundado por la reina Isabel II en 1867, conserva colecciones arqueológicas de enorme interés, con piezas del Paleolítico, el Neolítico y la Edad del Bronce. Las diferentes culturas antiguas también están representadas, tales como la egipcia, la etrusca, la romana y la griega. Probablemente, la joya de este museo es la *Dama de Elche*, una valiosísima pieza de la cultura ibérica.

Enfente de la Biblioteca Nacional, en el paseo de Recoletos, se sitúa el **Museo de Cera.** Exhibe reproducciones de personajes históricos, desde la época romana hasta nuestros días.

En la acera de enfrente están las **torres de Jerez,** más conocidas como torres de Colón, muestra de la llamada arquitectura en el aire, levantadas en 1976.

Subiendo el paseo de la Castellana hacia el norte, puede verse el antiguo **edificio del diario ABC,** que da en su fachada oriental a la

se proyectó para su construcción. El proyecto trataba de ordenar el terreno con una serie de vías regulares formadas por edificios de no más de cuatro plantas de altura, todos ellos dotados de un jardín interior y un ancho portal para la entrada de carruajes. Aunque quedan todavía algunas manzanas donde se puede apreciar con claridad el primitivo intento de levantar un barrio unificado en su aspecto, la mayor parte de la zona fue creciendo en los años posteriores con notables modificaciones sobre los planes originales.

● **PLAZA DE COLÓN**★ (A5)

El itinerario se puede empezar en la plaza de Colón, donde se alza la estatua más elevada de Madrid, la del descubridor de América, que alcanza una altura de 17 m. A sus pies se extienden los **jardines del Descubrimiento,** en cuyo subsuelo se encuentran los locales del **Centro Cultural de la Villa de Madrid,** lugar donde se celebran

Monumento a Colón.

calle de Serrano y hoy acoge un centro comercial.

Cerca, bajo el puente que cruza por la calle Eduardo Dato hasta la calle de Juan Bravo, se halla el **Museo de Escultura al Aire Libre.** Se inauguró en 1972 y todas las obras fueron donadas por los artistas. Destacan por su popularidad una obra de Joan Miró y otra de Eduardo Chillida.

En esta zona de la Castellana pueden contemplarse algunos edificios modernos que alternan con los palacetes decimonónicos, como las sedes de la Unión y el Fénix, Bankunión y Adriática.

● CALLE DE SERRANO (A-B6)

Por cualquiera de las calles laterales de la parte oriental del Paseo de la Castellana, se puede ascender a la paralela y vecina calle de Serrano. En el tramo que se extiende entre Goya y Diego de León se concentra el comercio más lujoso de la ciudad y también, desde luego, el más caro. Los solares de esta parte de la ciudad son también los que alcanzan un mayor precio en el mercado inmobiliario, hasta el punto de que esta área es conocida como la milla de oro.

La **plaza de Emilio Castelar** tiene en su centro un **monumento** dedicado a este político y gran orador del siglo XIX. La obra se debe al escultor Benlliure. Caminando unos cientos de metros por la calle Martínez Campos, que parte de la glorieta de Emilio Castelar en dirección oeste, hasta entrar de lleno en el barrio de Chamberí, se llega en la esquina con la calle Zurbano al **Museo** dedicado al gran pintor Joaquín **Sorolla.** La casa, que perteneció al artista, fue construida en 1911 por el arquitecto Repullés Vargas, y el jardín que la rodea,

de estilo andaluz, fue diseñado por su dueño. Fue donada al Estado español por Clotilde, esposa del pintor, y se conserva la planta principal con pocas variaciones de como la tenía en vida, con sus muebles y objetos de decoración, cuadros y esculturas de su colección privada y, por supuesto, pinturas suyas como *La bata rosa, Trata de blancas, La investigación, El baño del caballo, Paseo a orillas del mar,* etc.

Desde el Museo Sorolla se puede regresar hasta la plaza de Emilio Castelar y ascender por Diego de León.

Museo Arqueológico.

Una vez en Serrano, se toma la dirección norte hasta alcanzar la esquina con María de Molina. En ese lugar se encuentra el **Museo Lázaro Galdiano,** que debe el nombre a su fundador, un hombre acaudalado y enamorado del arte, fundador de la editorial *España Moderna,* que legó al Estado, en 1948, su impresionante colección. El palacete, de estilo italiano, fue construido a principios del siglo XX e inaugurado como museo en 1954. Como edificio es un ejemplo de clasicismo y

Complejo Azca.

se declaró monumento histórico-artístico en el año 1962. El museo contiene pinturas y esculturas de importantes artistas como El Bosco, Rembrandt, Claudio Coello, Murillo, Ribera, Velázquez, Zurbarán, El Greco, Goya, ect.

De regreso a la Castellana y siguiendo siempre en dirección norte, se cruza la **plaza del Doctor Marañón,** en uno de cuyos inmuebles, del lado occidental, vivió el escritor Pío Baroja. En el centro se alza la **estatua del Marqués del Duero,** obra del escultor Aleu.

● PLAZA DE SAN JUAN DE LA CRUZ (f. p.)

Se abre después del siguiente tramo de la Castellana. Esta zona se conocía como los Altos del Hipódromo, pues hasta los años 30 del siglo XX estuvo ocupada por las pistas donde se celebraban las carreras de caballos. En el lado derecho de esta plaza, sobre un amplio espacio ajardinado, se encuentran el **Museo de Ciencias Naturales** y su anexo, la **Escuela de Ingenieros Industriales.**

Fue hacia el siglo XVIII, bajo el reinado de Carlos III, cuando se creó este museo como Real Gabinete de Historia Natural. Su emplazamiento actual data de 1910. El recinto del museo es obra de Fernando de la Torriente y data del año 1887. Es una muestra interesante de la construcción de hierro y cristal, tan en boga en aquellos años, y la cúpula y las cubiertas fueron importadas de Bélgica. El museo contiene colecciones de paleontología, mineralogía, zoología y entomología.

Edificio de la Unión y el Fénix, en el paseo de la Castellana.

Bajo el museo, junto a un pequeño estanque, se alza el **monumento a Isabel la Católica,** obra de Manuel Onís de 1883.

● PASEO DE LA CASTELLANA★ (A5)

En la esquina noroeste de la plaza de San Juan de la Cruz arranca la larga extensión del complejo que se conoce como **Nuevos Ministerios,** ocupado por diversos departamentos ministeriales.

El Madrid futurista, el Manhattan madrileño, comienza a partir del cruce de la Castellana con Raimundo Fernández Villaverde. Su parte más importante es el **Complejo Azca,** donde se encuentran las torres más altas, como el edificio Europa y la torre Picasso. Los primeros proyectos para urbanizar esta zona datan de los años 50, aunque la construcción no se puso en marcha hasta finales de los 60.

El área del complejo comprende el territorio que delimitan las calles de Raimundo Fernández Villaverde, Orense, avenida del General Perón y paseo de la Castellana. Abundan en la zona los comercios, pequeños bares y restaurantes, así como salas de cine. Hay también un gran centro comercial, discotecas, edificios de viviendas y, sobre todo, torres destinadas a oficinas, cuyos alquileres alcanzan los precios más altos de Madrid.

No obstante su espectacularidad, la zona de Azca es un fracaso en lo que se refiere a las áreas destinadas, en el proyecto, para zonas de paseo y encuentro.

La gente llena los comercios, cines, bares y restaurantes, pero nadie acude a pasear a los jardines y plazuelas de Azca. Junto a la torre de Picasso, destaca en este complejo el **edificio Trieste,** construcción en que se conjugan la belleza y la sencillez a un

mismo tiempo. También es interesante el alto rascacielos del **Banco de Bilbao,** visible desde muchos puntos de Madrid y el edificio **Torre Europa,** obra de Miguel Oriol, singular por los elementos estructurales de su fachada y los remates metálicos que hacen de sostén al helipuerto.

En la esquina norte de General Perón con el paseo de la Castellana, se encuentra el **palacio de Exposiciones y Congresos,** inaugurado en

Paseo de la Castellana.

el año 1980 y del que es autor el arquitecto Pablo Pintado Riba. En este edificio funcional y no exento de elegancia, destaca el gran mural del pintor Joan Miró que cubre toda la fachada en el lado de General Perón. Enfrente del palacio, en el otro lado de la Castellana, se halla el **estadio Santiago Bernabéu,** propiedad del club de fútbol Real Madrid.

Hay otros edificios de interés siguiendo hacia el norte, como el **Cuzco IV,** destinado a oficinas, fechado en 1979

Puerta de Europa.

y que se levantó utilizando numerosos elementos prefabricados. En las vecinas calles de Capitán Haya y Alberto Alcocer hay hoteles de alta calidad y numerosos restaurantes y bares.

● **PLAZA DE CASTILLA** (f. p.)

Reformada con grandes obras en 1990 y 1991, es el fin natural del paseo de la Castellana, aunque la avenida sigue, con el mismo nombre, camino del pueblo de Fuencarral, ya absorbido por Madrid. En ese último tramo se encuentra la **estación de Chamartín,** principal nudo ferroviario de España, cuya construcción data de 1976.

En la plaza se alza el **monumento a Calvo Sotelo,** político asesinado en los albores de la guerra de 1936, detrás del cual sobresalen las siluetas de las torres gemelas y espectacularmente inclinadas de la llamada **puerta de Europa,** aunque popularmente se conocen como las torres KIO. Relativamente cerca de ellas y en las proximidades del residencial barrio de Mirasierra se encuentra **La Vaguada,** que es una estructura moderna destinada a centro comercial, decorada por el artista canario César Manrique.

Campo de las Naciones.

De la plaza de Castilla, sale por su lado oeste la calle Bravo Murillo, que descendiendo hacia el sur llega a la glorieta de Cuatro Caminos y, más adelante, hasta la glorieta de Quevedo.

Entre la plaza de Castilla y Cuatro Caminos se extienden zonas muy populares, como los barrios de Tetuán y Estrecho, antiguos arrabales donde instalaban sus humildes viviendas los artesanos llegados a la ciudad.

Al este de la Castellana, sin embargo, se extienden los barrios que acogen sectores de la burguesía acomodada. Hay también colonias de chalés que se construyeron durante los años 20 y 30 del siglo XX para gente de no muy grandes recursos económicos, pero que hoy están revalorizadas por el alza de los precios del suelo en la zona. Entre estas colonias destaca la del Viso, habitada actualmente por personas de muy alto nivel de ingresos.

Este Madrid que termina aquí mira hacia el Guadarrama, la sierra madrileña que dibuja su perfil rugoso en el horizonte como un mirador de piedra, una sierra a la que cantó mejor que nadie el poeta Antonio Machado y cuyas cumbres y cielo dibujó magistralmente Velázquez. Por cierto, y curiosamente, los dos eran ilustres sevillanos.

● PARQUE FERIAL JUAN CARLOS I (f. p.)

El Madrid más actual es el del Parque Ferial Juan Carlos I, situado al noreste de la ciudad, muy cerca del Aeropuerto Internacional de Barajas. El recinto ocupa una extensión de 130.000 m^2 en los que se alzan edificios para exposiciones, ocho grandes pabellones, un gran aparcamiento y 200.000 m^2 de jardines. El complejo está basado en una idea nueva de organización lineal con dos accesos principales opuestos y un uso interior abierto con pabellones simétricos a los lados. Es una propuesta más avanzada aún que el modelo francés en abanico o el alemán de distribución irregular. La idea para el edificio central y los dos pabellones en línea es de Sáenz de Oiza y para el resto de los pabellones, espacio abierto interior y edificios auxiliares de Junquera Pérez-Pita. Espacios para exposiciones y certámenes feriales, auditorios, salones de conferencias, restaurantes, etc. forman el núcleo central y en su entorno el **Campo de las Naciones** con centro de negocios, hoteles de lujo, un gran auditorio al aire libre, un palacio de congresos proyectado por el arquitecto Ricardo Bofill, un lago artificial y un parque "inteligente" formado por diversos microclimas en los que crecen árboles y plantas procedentes de distintas latitudes y en el que hay también esculturas de los mejores artistas contemporáneos.

Otras obras han cambiado en algunos lugares dispersos de la geografía madrileña antiguas o más recientes fisonomías ciudadanas Y cómo no, la ya citada **Torre España,** que es la construcción más alta de Madrid, situada en la sede de los Servicios Informativos de Televisión Española, en la calle O'Donell, junto a la M 30. Fue inaugurada, junto a las instalaciones que hay en su base, con motivo del Campeonato Mundial de Fútbol que se celebró en España en 1982. Se trata de una típica torre de comunicaciones realizada en hormigón con un gran "plato"

Torre España.

destinado a albergar aparatos electrónicos sobre el que se eleva la gran antena de radio y televisión.

Frente al parque del Oeste, en el nudo que forman la A6 y las avenidas de la Victoria y de los Reyes Católicos, se eleva el **faro de la Moncloa,** con una altura de 92 m, diseñado para iluminar este transitado enclave urbano e instalar antenas municipiales. Desde la plataforma superior se tienen unas vistas espectaculares de Madrid y de la sierra de Guadarrama. ◆

Otros lugares de interés

- Plaza de Toros★
- Palacio de los Deportes
- Ermita de San Antonio de la Florida★
- Templo de Debod★
- Parque del Oeste
- Puentes del Manzanares
- Puerta de Toledo★
- Ermita de San Isidro
- Estación de Delicias
- Casa de Campo★
- Ciudad Universitaria
- Palacio de la Moncloa
- Palacio de la Zarzuela
- Hipódromo
- El Pardo★

● PLAZA DE TOROS★

Las Ventas, en la parte oriental de la ciudad y en una ancha explanada que forma la calle de Alcalá, es al mundo de los toros lo que el estadio brasileño de Maracaná es al del fútbol. Catedral del arte de la tauroma-

Plaza de toros de las Ventas.

quia, la plaza de Madrid es paso obligado para los diestros que quieren llegar a figuras en el mundo del toreo y se considera que el público madrileño es el más entendido en esta fiesta.

Antes de las Ventas, hubo en Madrid otras dos plazas. La primera estuvo situada muy cerca de la Puerta de Alcalá y la segunda en el solar que hoy ocupa el palacio de los Deportes. La Monumental terminó de construirse en 1930 y se inauguró en 1931, utilizándose ya

de forma regular a partir de 1934. Tiene un aforo de 23.000 espectadores y el ruedo ocupa una circunferencia de 60 m de diámetro. El estilo de este coso ha marcado el de muchas otras plazas españolas y sigue los cánones neomudéjares establecidos por su antecesora, la plaza que existió en el lugar que ocupa el palacio de los Deportes.

La obra, erigida sobre una estructura de metal, utiliza el ladrillo visto y decoración de azulejos. El ruedo está cubierto con arena de albero, que es traída de Andalucía, de un intenso color amarillo. Las barreras que forman el palenque son de madera. La acústica de esta plaza recuerda la que consiguieron en la antigüedad algunos teatros griegos y romanos. Los principales acontecimientos taurinos de esta plaza se celebran durante las fiestas de San Isidro, en el mes de mayo, y en la llamada Feria de Otoño. No obstante, durante casi todo el año suelen ofrecerse espectáculos.

● PALACIO DE LOS DEPORTES

Propiedad de la Comunidad Autónoma de Madrid, es una construcción

Templo de Debod.

moderna de no muy bella apariencia. Es un local destinado a la celebración de eventos deportivos, como carreras ciclistas y partidos de baloncesto, pero también en ocasiones tienen lugar en él conciertos de diversa índole.

● ERMITA DE SAN ANTONIO DE LA FLORIDA★

En las proximidades del río Manzanares, al oeste de Madrid, se levantan dos ermitas gemelas conocidas como San Antonio de la Florida. La razón de que sean dos ermitas en lugar de una es puramente artística: en la original, del año 1798, pintó Goya los frescos de la cúpula pero empleó técnicas tan delicadas e innovadoras que las pinturas comenzaron a dañarse con la luz de los candiles y el humo del incienso. Hubo, pues, que hacer una nueva para el culto, construida en el año 1928, mientras que la original se reservaba para museo de la obra de Goya. Los frescos representan los milagros atribuidos a San Antonio y hay en ellos una gran cantidad de personajes populares, tan queridos por el pintor, que fue enterrado en la propia ermita, cuyas pinturas realizó en tan sólo cuatro meses.

● TEMPLO DE DEBOD★ (B1)

En el parque de Ferraz, cercano a la plaza de España, se alza desde 1970 el templo de Debod, un pequeño santuario egipcio donado a Madrid por el gobierno de El Cairo, en agradecimiento por los trabajos realizados por arqueólogos españoles en el rescate de los monumentos del valle de Nubia. Está fechado en el siglo IV a.C. y fue construido por el faraón Azakheramón en honor del dios Amón. En el templo pueden verse bajorrelieves que representan al faraón y a las divinidades, entre los que destacan aquellos que ocupan la capilla central. Hay otros relieves de época posterior, probablemente del siglo I a C., en la fachada posterior del monumento.

● PARQUE DEL OESTE

Este gran jardín, vecino del río Manzanares, no es el más popular en Madrid pero se trata, tal vez, de uno de los mejor diseñados. La dirección de la obra corrió a cargo de Cecilio Rodríguez a principios del siglo XX. Fue destruido completamente durante la Guerra Civil, pero se reconstruyó en la pos-

Estatua de la plaza de las Ventas.

Puerta de Toledo.

guerra con mucho esmero. Dentro está la Escuela de Cerámica madrileña, heredera de la que fundó el rey Carlos III en el Retiro dos siglos antes, y el memorial a las víctimas de los fusilamientos del 3 de mayo de 1808, cuando la rebelión de Madrid contra las tropas napoleónicas. Hay una bella rosaleda en su interior, réplica de la del Retiro.

● PUENTES DEL MANZANARES

El Manzanares es un río modesto, que de ninguna manera puede compararse con el Támesis, el Sena o el Danubio. No obstante, algunos de sus puentes tienen un indudable valor artístico, como el de Segovia y el de Toledo, de los que dicen los madrileños que son mucho puente para tan poco río.

El **puente de Segovia,** en el que desemboca la calle del mismo nombre, es el más antiguo de la ciudad y fue construido en el año 1584. La obra se atribuye, sin que lo prueben documentos oficiales, a Juan de Herrera, el arquitecto de El Escorial. Tiene nueve ojos con arcos de medio punto y su construcción es sólida y austera.

El **puente de Toledo,** más al sur, es más moderno pero mucho más bello. Fue construido por Pedro de Ribera en el año 1732, en estilo barroco. Tiene también nueve ojos y está ornado con dos templetes que cobijan las imágenes de San Isidro y Santa María de la Cabeza.

● PUERTA DE TOLEDO★ (F2)

Situada en un alto que domina el río Manzanares, fue proyectada por Silvestre Pérez por iniciativa de José Bonaparte. Cuando se construyó, años más tarde, se dedicó a la memoria del triunfo en la Guerra de la Independencia sobre los franceses. Fue inaugurada en el año 1827 y su arco central de medio punto está flanqueado por columnas jónicas. Las dos puertas laterales son adinteladas. Una lápida recuerda al rey Fernando VII, durante cuyo reinado se erigió la puerta, y remata el monumento un grupo escultórico que simboliza a España, las artes y las provincias del país.

● ERMITA DE SAN ISIDRO★

Al otro lado del río, en el sureste de la ciudad, se encuentra la **pradera de San Isidro,** donde anualmente se celebra una tradicional verbena durante las fiestas del patrón de Madrid. En las inmediaciones está la ermita de San Isidro del Campo, una de las más antiguas de Madrid, pues se fecha en el año 1528. La leyenda cuenta que la ermita se hizo construir en el mismo lugar donde el santo hizo brotar agua, para calmar la sed de don Iván de Vargas, con sólo un golpe de azada.

● ESTACIÓN DE DELICIAS

Es la más antigua estación ferroviaria de Madrid, construida en el año 1880 como cabecera de la línea

Madrid-Ciudad Real-Badajoz. No obstante, en el mismo momento de inauguración, se empleó para unir Madrid con Portugal, pasando por Cáceres. De sencilla construcción, es un ejemplo de funcionalidad y un modelo de arquitectura metálica. Fue realizada por arquitectos e ingenieros franceses y su estructura se trasladó por piezas a Madrid desde el país vecino. Actualmente se destina a museo.

● **CASA DE CAMPO***

Es el mayor parque de Madrid, que cierra toda la parte occidental de la ciudad en el camino hacia Extremadura. Cubre una extensión de algo más de 1.700 ha, en las que abundan bosques, praderas y cuenta con un lago artificial para la práctica de deportes náuticos.

Al igual que la mayoría de los parques con que cuenta la ciudad, fue en principio una finca para el uso privado de los reyes españoles. El rey Felipe II fue el primer monarca que comenzó a frecuentar la Casa de Campo. Los reyes de la Casa de Austria acudían a estos montes para cazar, mientras que los Borbones utilizaron el parque como escenario de sus grandes fiestas y como residencia ocasional en los días veraniegos. En 1931, el gobierno de la República lo regaló al puelo de Madrid y sus puertas se abrieron al público.

Actualmente es un lugar para el paseo, la práctica de distintos deportes, en improvisados campos, o del juego de la petanca. También ensayan en la Casa de Campo los estudiantes de la Escuela Taurina.

En la Casa de Campo se encuentra la **venta del Batán,** donde se exponen los toros de las diversas ganaderías que serán lidiados en la Monumental de las Ventas durante la Feria

de San Isidro. También se hallan en este recinto el **Parque Zoológico,** en el que viven unos 2.000 animales de diferentes especies en un medio que intenta parecer el originario. Asimismo está ubicado el **parque de Atracciones,** con todo tipo de entretenimientos, desde el tradicional tiovivo a varias montañas rusas.

Desde el año 1949 existe dentro del parque el complejo que forma la **Feria Nacional del Campo,** un ejemplo de arquitectura de la posguerra destinado a diversos eventos de signo cultural, gastronómico y turístico. Su edificio más notable es el **pabellón de Cristal,** inaugurado en 1965.

● **CIUDAD UNIVERSITARIA**

Los primeros proyectos para agrupar las diferentes facultades universitarias en un único espacio (en los siglos anteriores se distribuían por diferentes lugares de la ciudad) datan del reinado de Alfonso XIII.

Las primeras obras dieron comienzo con la dictadura de Primo de Rivera, seleccionados los terrenos de la Mon-

Teleférico de la Casa de Campo.

cloa, continuaron durante la II República, a partir del año 1931.

Durante la Guerra Civil de 1936-1939, los trabajos no sólo se paralizaron, sino que la mayor parte de lo que había sido construido quedó arrasado, pues en esta zona se estableció el principal frente de la Batalla de Madrid. Al final de la contienda, se reanudaron las obras, aunque modificando sustancialmente los planes iniciales de la década de los años veinte.

El área cuenta con numerosas zonas verdes y en las facultades que se realizaron inicialmente, como las de Filosofía, Derecho, Medicina y Farmacia,

Ciudad Universitaria.

se observa un estilo más uniforme que en las construcciones posteriores, cada una nacida con su propio estilo.

● PALACIO DE LA MONCLOA

Sede de la Presidencia del Gobierno desde el establecimiento de la democracia en 1977, este palacio fue destruido durante la Guerra Civil. El anterior edificio era una obra del siglo XVIII y su primera propietaria fue la duquesa Cayetana de Alba. Se reconstruyó en la posguerra en el estilo neoclásico que hoy podemos apreciar y se empleó para albergar durante el régimen de Franco a visitantes extranjeros ilustres.

● PALACIO DE LA ZARZUELA

Es la residencia de los actuales reyes españoles, don Juan Carlos I y doña Sofía, que decidieron no ocupar el Palacio Real, sede de sus antecesores. El primitivo palacio construido en el siglo XVII por los Austrias para representaciones dramáticas y musicales, se debió a Juan Gómez de Mora.

En tiempos de Carlos IV, el arquitecto Juan de Villanueva construyó uno nuevo, demoliendo el anterior, en estilo neoclásico. Este palacio quedó destruido durante la Guerra Civil y el nuevo se levantó siguiendo cánones escurialenses, en la moda nacionalista que tanto gustaba al general Franco.

● HIPÓDROMO DE LA ZARZUELA

En el extremo occidental de los montes del Pardo y lindando con la carretera de La Coruña, se encuentra el Hipódromo madrileño.

Es un bello lugar situado en un punto muy agradable de la ciudad. Sus obras se concluyeron poco antes de la Guerra Civil, una vez que fue demolido el antiguo hipódromo emplazado en la actual plaza de San Juan de la Cruz. No es muy grande si se compara con otros hipódromos europeos pero destaca en su edificio la cubierta de la tribuna, que representó una gran novedad para la época.

● EL PARDO★

Otra de las grandes extensiones verdes de Madrid es la que forman los llamados *montes del Pardo,* al noroeste de la ciudad. Este lugar fue, y en cierta manera sigue siendo, un

Montes del Pardo.

cazadero excepcional, y por tanto elegido como zona de recreo por los monarcas españoles. Abundaban los osos, los lobos, los linces, los venados y los jabalíes, así como numerosas especies de caza menor. Declarados en la actualidad Patrimonio Real, forman un enclave natural, cerrado en su mayor parte al público, con un espeso bosque que cruzan muy pocos caminos y donde viven muchas especies animales, algunas de ellas en peligro de extinción.

El rey Enrique III nominó El Pardo como Real Sitio y se mandó erigir una Casa Real en 1405. Carlos I, también cazador, amplió el palacio a mediados del siglo XVI y su hijo Felipe II hizo decorar su interior con pinturas de El Bosco y Tiziano. El palacio se incendió en 1605 y lo reconstruyó Juan Gómez de Mora.

A Felipe IV lo retrató Velázquez vestido de cazador en esta finca. Carlos III, también gran cazador, encargó nuevas obras a Sabatini, que respetó el edificio original, aunque añadió las numerosas chimeneas que adornan los tejados del edificio. Carlos IV encargó nueva decoración y Goya fue el autor de los cartones de los numerosos tapices que se conservan en este palacio. Desde 1940 fue residencia del general Franco.

Al lado del palacio está la **iglesia** construida en estilo clasicista en tiempos de Felipe V, que guarda pinturas de Maella y Lucas Jordán.

También se encuentra en El Pardo una pequeña joya arquitectónica llamada **Casita del Príncipe,** construida por Juan de Villanueva durante el reinado de Carlos IV. Su exterior es de estilo neoclásico y de porte austero, pero en el interior exhibe una decoración excepcional, con pinturas meritorias de Anton Mengs y Francisco Bayeu.

La **Quinta,** otro edificio de El Pardo, está destinada a museo y contiene una colección de papeles pintados al estilo francés del siglo XIX.

En cuanto al pueblo de **El Pardo,** tiene como edificio más notable la **iglesia del Santo Cristo,** en cuyo interior hay pinturas y esculturas interesantes, de artistas como Francisco Ricci y Gregorio Fernández. Durante el verano, se abren en la localidad numerosos merenderos especializados en platos de caza, en particular jabalí y venado. ◆

Palacio de El Pardo.

EXCURSIONES DESDE MADRID

- El Escorial
- Alcalá de Henares
- Aranjuez
- La Granja

Excursiones desde Madrid

Madrid, en el centro de la Península Ibérica, no es tan sólo la capital y la ciudad más grande del país, sino también una Comunidad Autónoma que puede sorprender por la diversidad de sus ofertas que van de lo agreste de la sierra a lo ameno de las riberas del Tajo. Extraordinarios y monumentales lugares, atractivos pueblos, ciudades históricas, situados a unos kilómetros de la gran urbe, son algunas de las posibilidades que la región ofrece al visitante.

Se recomiendan a continuación cuatro excursiones de las cuales una sobrepasa el marco estrictamente provincial, es la que se dirige a La Granja, en la provincia de Segovia, pero que se recomienda por el interés y por la proximidad a Madrid.

La primera excursión se dirige hacia el oeste de la capital, a la sierra de Guadarrama, uno de los paisajes más atractivos de la provincia de Madrid. En estos parajes tiene su asentamiento el monasterio de El Escorial, que fue realizado en el siglo XVI, y es visita imprescindible para conocer y admirar no sólo la grandeza de la sierra sino también de la obra herreriana.

En la segunda excursión se propone visitar la parte este de la Comunidad de Madrid, llegar hasta Alcalá, segunda villa de la provincia, en la vega del río Henares. Es el contrapunto paisajístico al primer recorrido; en esta zona Madrid se hace más árido, más meseteño, pero no menos hermoso.

Palacio Real de Aranjuez.

La tercera salida pone rumbo al sur, para llegar hasta la fértil vega del río Tajo, donde se encuentra Aranjuez, el "pequeño Versalles" español; la visita será inolvidable como lo son los jardines y en general todo el complejo que rodea al Palacio Real.

La cuarta excursión se dirige hacia San Ildefonso o La Granja, a través de la sierra madrileña, donde se encuentra, a los pies del Peñalara, el Real Sitio de La Granja mandado construir por el rey Felipe V, el primer Borbón español. ◆

1. El Escorial

Para llegar a El Escorial desde Madrid hay que tomar la carretera de La Coruña, la A 6, y desviarse a la altura de Las Rozas para tomar la carretera M 505 (está perfectamente señalizado).

En el camino se atraviesan numerosos pueblos pequeños y urbanizaciones modernas donde los madrileños pasan los fines de semana; monte bajo y robledales a los lados de la carretera.

También se pueden ver dehesas donde pasta el ganado vacuno; y siempre al fondo, en el horizonte, la grandiosa estructura de la sierra de Guadarrama.

El Escorial se extiende al pie del monte de Avantos. El nombre del lugar viene de una especie de roble muy abundante en la zona, cuyo nombre latino es *aesculus*. El lugar, que era una pequeña aldea hasta el siglo XVI, se fue transformando en un importante enclave cuando el rey Felipe II lo eligió para levantar un gran palacio en conmemoración de su triunfo sobre los franceses en la batalla de San Quintín y dedicado a San Lorenzo. También nació del encargo hecho por Carlos V a su hijo referido a buscar un lugar adecuado para su enterramiento.

Al tiempo, construiría un monasterio para los monjes de la orden de San Jerónimo, por los que sentía una especial predilección.

El palacio, del que el mismo rey puso la primera piedra el 23 de abril de 1563, se concluyó el 13 de setiembre de 1584. Aunque en sus inicios intervinieron varios arquitectos, la dirección de las obras quedó por fin adjudicada a Juan de Herrera, que dotó a este gran monumento de un estilo propio, conocido como estilo escurialense.

El complejo, declarado por la Unesco monumento de interés mundial, se divide en varias zonas bien diferenciadas: el palacio, la iglesia, el monasterio y el panteón de los reyes.

La **iglesia** es espectacular, con 43 altares, cada uno de ellos adornado con su correspondiente retablo pintado, y un imponente altar mayor, presidido por un retablo y un tabernáculo y flanqueado por los sepulcros de Carlos I y Felipe II. La cúpula de la iglesia es monumental y está inspirada en la de San Pedro de Roma. Muchos pintores de primera fila participaron

Monasterio de El Escorial.

en la ornamentación de esta iglesia, como Zucaro, Peregrini, Sánchez Coello y Trezzo. En una de las capillas laterales se halla una verdadera joya del arte universal: el *Cristo* de Benvenutto Cellini, esculpido en 1562.

El **monasterio,** que perteneció primero a la orden de los jerónimos, más tarde a los escolapios y después a los agustinos, es un enorme bloque con cuatro torres de 55 m de altura en cada ángulo.

El **panteón** se construyó tras la muerte de Felipe II, pero según los planos que él mismo había aprobado bajo

Vista de El Escorial.

la dirección del arquitecto italiano Crescendi. Su decoración es de una gran riqueza, con profusión de mármoles y bronces. Se conservan los restos mortales de los reyes y reinas que tuvieron sucesión coronada desde Carlos I, además de Don Juan, el padre de Don Juan Carlos I.

El **palacio** ocupa el sector norte. Las habitaciones que sirvieron de morada al rey Felipe II, impregnadas de una gran austeridad, contrastan con las que habilitaron siglos más tarde los Borbones, lujosamente decoradas. En la sala que da acceso a estos aposentos se encuentra una enorme

pintura que representa la batalla de Higueruela, en la que intervinieron los artistas Granello, Castello, Cambiaso y Tabarón.

Merece también la pena visitar las salas capitulares y el **Museo de Pintura,** donde se exhiben obras capitales de algunos autores procedentes de las colecciones reales como Van Dick, Tintoretto, Tiziano, Ribera, Carreño, Alonso Cano, Velázquez *(Presentación de la túnica de José),* El Greco *(Martirio de San Mauricio y la legión tebana),* entre otros. No hay que olvidar, tampoco, la **biblioteca,** donde se guardan importantes manuscritos y códices, entre ellos las famosas *Cantigas* de Alfonso X el Sabio, del siglo XIII.

En El Escorial se pueden visitar otros lugares próximos al gran palacio-monasterio, como la **Casita del Príncipe** y la **Casita del Infante,** construidas por el arquitecto Juan de Villanueva durante el reinado de Carlos III. En El Escorial de Abajo es interesante acercarse a ver la **iglesia parroquial de San Bernabé,** obra de Francisco de Mora.

Saliendo de El Escorial por la carretera M 600 a Guadarrama, a mitad de camino, en el lado izquierdo de la carretera, se encuentra incrustado en un cerro llamado Risco de la Nava, el **monasterio de la Santa Cruz del Valle de los Caídos.**

Se comenzó a construir después de la Guerra Civil para recordar a los hombres que murieron en aquella contienda que se desarrolló entre los años 1936-1939.

Un rey enigmático

El rey Felipe II, el impulsor de la gigantesca obra de El Escorial, no fue un monarca muy querido y sí muy temido. Heredó de su padre, el emperador Carlos V, un enorme imperio, y él mismo lo engrandeció más aún hasta convertirlo en uno de los mayores de la historia. Hizo de Madrid la capital política mundial, cuando en los territorios de su extenso reino, como señala la famosa frase, "no se ponía el sol".

Felipe II era un hábil diplomático y dedicaba la mayor parte de su tiempo a los asuntos de política exterior. A él se debe el histórico triunfo de Lepanto, que frenó la expansión turca en el Mediterráneo y, como contrapunto, el sonado fracaso de la Armada Invencible, que sentó las bases del dominio inglés sobre los mares.

De su personalidad muy poco se sabe. Tuvo escasos amigos y ninguno de absoluta confianza. Gregorio Marañón dice del rey que "se hallaba permanentemente indeciso y no tenía momentos de optimismo ni de expansión".

El Escorial fue la obra de su vida. Él escogió el emplazamiento exacto, determinó los materiales que habían de emplearse y nombró los arquitectos, puso la primera y la última piedras de la inmensa obra y se puede decir que nada se hizo en El Escorial, durante los años que duraron los trabajos, sin la aprobación del monarca.

Su figura se relaciona con la leyenda negra española, aunque es probable que este retrato que el escritor inglés del XIX, Richard Ford, hizo de él, sea exagerado en buena medida: "sus ojos grises de fanático, fríos como gotas heladas de rocío mañanero que ni siquiera el lápiz de Tiziano podría calentar".

La cripta ocupa 262 m de longitud y el punto de mayor altura del largo pasillo alcanza 41 m. Está excavada en la roca y sobre ella se levanta la enorme cruz, que alcanza 150 m de altura desde su base y casi 300 m si se mide desde la explanada delantera de la cripta. Juan de Ávalos realizó las esculturas más monumentales, dotándolas de un tono heroico y grandilocuente. El monasterio terminó de construirse en 1958 y alberga frailes de la orden benedictina.

Se puede regresar a Madrid siguiendo la M 600 hasta enlazar en Guadarrama con la A 6.   ◆

2. Alcalá de Henares

Para visitar Alcalá es necesario tomar la carretera A 2, autovía que enlaza Madrid con Barcelona y que sale por la parte noreste de la ciudad.

Cerca del pueblo de **Barajas** se puede parar unos instantes en el **palacio de la Alameda de Osuna,** un interesante edificio del siglo XVIII y que muchos madrileños no conocen. Está rodeado de bellas fuentes y jardines de la misma época.

Más adelante, en el pueblo de **Torrejón de Ardoz,** se puede hacer otro alto y visitar su bella iglesia parroquial.

munidad Autónoma que ostenta el título de villa. Sus orígenes, según sus habitantes, podrían remontarse al Neolítico; aunque lo que sí está comprobado es que allí existió un poblado prerromano, situado en el centro de San Juan del Viso. Los romanos habitaron el lugar y lo llamaron *Complutum,* que quiere decir "zona húmeda" y es el término que ha dado nombre a la Universidad Complutense, fundada en el año 1496 por el cardenal Cisneros y trasladada posteriormente a la ciudad de Madrid, en el año 1836.

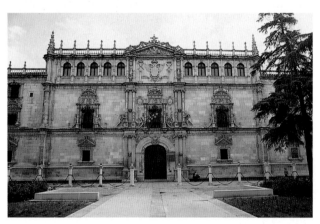

Universidad de Alcalá de Henares.

quial. También en esta localidad se encuentra la llamada **Casa Grande,** una antigua casa de labor convertida en bar, restaurante, tienda de antigüedades y que exhibe una colección de más de 1.300 iconos de origen ruso, rumano, griego, búlgaro y checoslovaco, en los que están representadas todas las escuelas del arte iconográfico ruso y bizantino.

Alcalá de Henares es, junto con Madrid, la única población de la Co-

A comienzos del siglo IV, durante las persecuciones de Diocleciano a los cristianos, fueron degollados en Alcalá dos niños, Justo y Pastor, que fueron canonizados posteriormente y hoy son los santos patronos de la villa, cuya festividad se celebra el 6 de agosto.

Los árabes ocuparon también este emplazamiento y lo llamaron *Al-Kala Nahar,* de donde surge su actual nombre. El arzobispo Bernardo la conquistó para el rey Alfonso VI en el

1088 y pasó a depender del obispado de Toledo, lo que le supuso ciertos privilegios, como el derecho de celebrar mercado semanal y feria anual, lo que hizo que pronto se convirtiera en una población importante.

El momento trascendente de su historia fue, sin embargo, la fundación de la Universidad, a finales del siglo XV, aunque las obras finalizaron en 1508. En poco tiempo se pobló de colegios menores, que fundaban las órdenes religiosas para albergar a los estudiantes sin recursos que llegaban a la ciudad. Llegó a haber en Alcalá más de 30 de estas instituciones. También surgieron conventos (más de 20 en el siglo XVI), nuevas iglesias y dos hospitales.

Alcalá entraría en un periodo de decadencia cuando, el siglo XIX, se trasladó la universidad a la capital. No obstante, últimamente, ha recuperado algunas dependencias universitarias y ha desarrollado una industria local, lo que ha hecho florecer de nuevo la ciudad. A ello hay que sumar un fuerte crecimiento urbanístico, pues muchos madrileños han instalado su vivienda en esta villa huyendo de la capital.

Alcalá se enorgullece de ser patria chica de Miguel de Cervantes, que nació en la villa en el año 1547, y de otro hito cultural de gran importancia: la edición de la primera *Biblia Políglota Complutense,* publicada en el año 1517 en latín, griego, caldeo y hebreo, bajo la dirección del cardenal Cisneros.

Facultad de Filosofía (Alcalá de Henares).

En la villa pueden verse aún restos de edificaciones medievales, pero, sobre todo, se trata de una ciudad fuertemente marcada por el estilo renacentista. Del recinto amurallado del siglo XV sólo restan dos **puertas,** la de Madrid y la de Burgos. Hay numerosas barriadas que conservan el sabor de siglos pasados y que dan una idea de la intensa vida urbana que se desarrolló en la localidad.

El **Palacio Arzobispal** se proyectó como obra gótica, pero al paso de los años fue recogiendo diversos estilos y su fachada principal es plateresca. Destaca, sobre todos los monumentos de esta villa, el **Colegio Mayor de San Ildefonso,** sede de la Universidad como cabeza principal del complejo docente, que data del año 1508.

Monumento a Cervantes (Alcalá de Henares).

El proyecto se debió a Pedro de Gumiel. Treinta años más tarde se le añadió la magnífica **fachada,** obra de Gil de Ontañón, de puro estilo plateresco. La fachada se divide por pilastras y columnas y está rematada por una galería que coronan flameros y florones. Los enrejados también llaman la atención y fueron obra de Villalpando y Del Corral.

Dentro del colegio pueden visitarse los **claustros,** el primero del año 1570 de influencia italiana, y el segundo, barroco, proyectado en 1617 por Juan Gómez de Mora, el arquitecto favorito de la Casa de Austria. La capilla, levantada en los días del Cardenal Cisneros, mezcla estilos como el mudéjar y el gótico, y está techada con una bella armadura policromada.

En cuanto al **Paraninfo,** cuenta con una curiosa tribuna plateresca y un rico artesonado. Es obligado decir que el 23 de abril, fecha de la muerte de Cervantes, los Reyes de España entregan el Premio Cervantes en esta paraninfo.

La **Iglesia Magistral** es el templo más interesante de Alcalá. Fue levantada en honor de los santos Justo y Pastor, patronos de la villa.

Data del año 1136, pero debió ser reconstruida a comienzos del siglo XVI. Su fachada es de estilo gótico flamígero, pero el interior llama especialmente la atención, pues está desarrollado en tres naves de arquerías ojivales que sostienen 43 pilares. En una urna de plata del siglo XVIII se conservan los restos de los niños mártires. Guarda también una buena colección de pinturas, entre las que destaca un *San Luis* de Bartolomé Carducho.

En la **iglesia de Santa María** se conserva la pila bautismal donde fue bautizado Cervantes, personaje que tiene también un pequeño **museo** en la ciudad, en una casa construida en el estilo de las viviendas de su época.

Es también destacable en Alcalá la **iglesia de la Compañía,** obra de Juan Gómez de Mora de estilo herreriano, fechada en 1635, y al mismo arquitecto se debe el proyecto del **convento colegio de la Compañía de Jesús,** donde hay dos bellas estatuas, de San Ignacio y San Francisco Javier, obras ambas de Manuel Pereira. Merece la pena visitar también en Alcalá algunos de sus conventos y una casa que es ejemplo de puro estilo plateresco, la de **Linazas.**

No muy lejos de Alcalá, quedan los pueblos de **Meco** y de **Nuevo Baztán.**

En el primero de ellos pueden verse numerosas casas solariegas y, en el segundo, la **iglesia parroquial** y un **palacio** de estilo barroco, construidos sobre proyectos de José Benítez Churriguera a comienzos del siglo XVIII.

El regreso a Madrid debe hacerse por la A 2. El paisaje no es tan bello como el de otras excursiones, pues hay fábricas y naves industriales. ◆

Palacio de Nuevo Baztán.

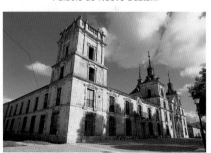

3. Aranjuez

A 40 km de Madrid, por la carretera de Andalucía, la A 4, se encuentra Aranjuez. En el camino merece la pena hacer una visita al pueblo de **Pinto,** para conocer su casco antiguo y su **iglesia** parroquial **de Santo Domingo de Silos.** Un poco más adelante, en **Valdemoro,** donde hay un templo del siglo XII, la **Iglesia de la Asunción,** y una bonita **ermita** erigida en honor del **Cristo de la Salud.**

La población de **Aranjuez** se sitúa en la confluencia de los ríos Tajo y Jarama y es un enclave natural de profuso arbolado, con huertas muy feraces, donde los veranos son frescos y los inviernos más suaves que en Madrid.

Aranjuez es, junto con El Escorial, una de las localidades con más peso histórico de toda la Comunidad de Madrid. Su perfecto emplazamiento, su aristocrática belleza y su entorno la convierten en punto obligado de visita.

Jardines de Aranjuez.

Ya la habitaron los romanos, también los árabes, y durante la época medieval se estableció en él la Orden Militar de Santiago, que construyó un palacio que pasó a ser propiedad de los Reyes Católicos cuando éstos confiscaron las posesiones de las órdenes. Carlos V aunque visitó con frecuencia el lugar en partidas de caza apenas hizo obras en el palacio. Felipe II sí se propuso, sin embargo, ampliarlo y construir un gran palacio real, cuyos proyectos encargó a Juan Bautista de Toledo y Juan de Herrera, sus arquitectos favoritos. Pero fueron sobre todo los monarcas Borbones, en los siglos siguientes, quienes se ocuparon de dar rango monumental a este Real Sitio. Con Felipe V comenzaron los trabajos de ampliación. Posteriormente, durante los reinados de Fernando VI, Carlos III y Carlos IV se prosiguieron las obras.

El complejo lo integran el gran Palacio Real; los tres jardines de el Parterre, la Isla y el del Príncipe; y la Casa del Labrador, un palacete mandado levantar por Carlos IV como residencia de los príncipes de Asturias, herederos de la corona.

El **Palacio Real** se comenzó a construir en el año 1561, durante el reinado de Felipe II. En el extremo sur se levantó la capilla que está rematada por una cúpula, que fue obra de Juan Bautista de Toledo.

Más tarde, durante la dinastía de los Borbones, se construyó una cúpula gemela en el extremo opuesto del edificio. En el frontispicio del palacio se encuentra la estatua de Fernando VI, a quien flanquean las figuras de Felipe II y Felipe V.

Del tiempo de Carlos III son las dos alas que forman el cuerpo occidental del edificio, y su arquitecto fue Francisco Sabatini.

En el interior del palacio, cuya escalera es también de la época de Felipe II, se mezclan diferentes estilos de decoración, con motivos árabes, chinescos, isabelinos y rococó. La mayor parte de las pinturas del palacio son copias de originales que se guardan en El Prado, pero hay algunas telas

Castillo de Chinchón.

originales de pintores flamencos y de Lucas Jordán.

Merece la pena ver el **Salón del Trono** y, la **Sala de la China,** donde se exhibe una espectacular colección de obras de porcelanas procedentes de la antigua fábrica del Retiro.

Los **jardines** de Aranjuez tienen casi tanta importancia como los mismos edificios. En el del **Parterre,** abundan las flores, de variadas especies. En el de la **Isla,** cuyo trazado es del siglo XVII se exhiben monumentales grupos escultóricos, como el de Hércules y el de la Hidra. El del **Príncipe** es el más grande de todos, trazado en estilo neoclásico, con grandes avenidas y numerosas especies de árboles, muchas de ellas traídas de ultramar. Los reyes tuvieron aquí una granja y hoy existe una piscifactoría experimental para criadero de carpas, truchas, lucios, etc., con el fin de repoblar los ríos y estanques del país.

En este jardín del Príncipe se encuentra la llamada **Casa del Labrador,** considerada como una de las más acabadas obras de la arquitectura borbónica. Se construyó entre finales del XVIII

y comienzos del siglo XIX, aunque las obras de decoración interior siguieron unos años más. Su estilo es neoclásico y su apariencia sobria pero el interior resulta espectacular. Hay que asomarse a la **Galería Pompeyana,** donde se conservan fragmentos auténticos de mosaicos romanos procedentes de Mérida y donde se exhibe un magnífico reloj de estilo imperio. Y sobre todo hay que detenerse en el **Gabinete de Platino,** en el que trabajaron algunos decoradores de Napoleón, y que ostenta una decoración con maderas nobles, bronces dorados, espejos e incrustaciones de platino.

En Aranjuez se pueden visitar también la **iglesia de los Alpajes,** del siglo XVII, y la Iglesia de San Pascual, obra de Sabatini de 1765 con una extraordinaria fachada. En su interior hay pinturas de Mengs y Maella.

Por una carretera que sale al este de Aranjuez se llega a **Colmenar de Oreja,** lugar de buenos vinos blancos, donde hay una bella **plaza** porticada próxima a la **iglesia de Santa María la Mayor,** construida por Juan de Herrera. También es interesante el **convento de las Agustinas Descalzas.**

Desde Colmenar hacia el noroeste, se llega a **Chinchón,** famoso por sus destilerías de anís. Destaca su original **Plaza Mayor,** rodeada de soportales y pavimentada con guijarros. Las casas que rodean la plaza forman una especie de anfiteatro. En la **iglesia parroquial** hay una *Anunciación* de Goya.

Desde Chinchón, y después de cruzar Morata de Tajuña, se llega a **Arganda,** donde destaca una **iglesia** del siglo XVI y un edificio barroco del siglo XVII, el **asilo de San Pedro y San Pablo.**

De Arganda por la carretera A 3, se regresa a Madrid después de recorrer pocos kilómetros. ◆

4. La Granja

El **Real Sitio de San Ildefonso** o **La Granja** se encuentra en la provincia de Segovia, y a poco más de una hora en automóvil desde la capital española. Se llega tomando la AP 6, cruzando la sierra de Guadarrama por el túnel de San Rafael siguiendo por la AP 61 o por la N 603, en dirección a Segovia, hasta el cruce que hay en Revenga con una pequeña carretera. El túnel cruza bajo el Alto de los Leones y los pinares de San Rafael, que son espectacularmente hermosos. Luego sigue una tierra yerma y dura, que se convierte en bosque bajo llegando a Revenga, con predominio del roble. Sobre ese paisaje, domina imponente, desde la falda norte de la sierra del Guadarrama, la montaña de la *Mujer Muerta,* llamada así porque, desde algunos puntos, su silueta se dibuja como si fuese la figura de una mujer tendida.

Se puede hacer una desviación de unos pocos kilómetros a la izquierda, para visitar el **Real Sitio de Riofrío,** un complejo de 7 km^2 poblados con densos encinares en los que los gamos viven libremente, sin ser molestados por los cazadores. El **palacio** se levantó en 1751, con planta cuadrada y en estilo clasicista italiano.

Se construyó a instancias de Isabel de Farnesio, después de enviudar de Felipe V. Isabel se sentía temerosa de que su hijastro Fernando VI y su esposa Bárbara de Braganza la desplazaran de la corte de San Ildefonso, y decidió habilitarse un refugio para seguir viviendo en una zona de la que se sentía enamorada. Lo cierto es que, en el año 1759, a la muerte de su hijastro, hubo de ocuparse de la regencia, con lo que el Real Sitio de Riofrío no llegó a concluirse.

El enorme palacio, que consta de tres cuerpos, forma un cuadrado perfecto de 84 m de lado y cuenta con un gran patio. Son interesantes, en su interior, los tapices realizados sobre cartones de Goya y de Rubens, y algunas pinturas de Lucas Jordán.

Regresando por la misma carretera y cruzando la N 603, en 15 km se llega al Real Sitio de San Ildefonso. Se halla rodeado de un entorno magnífico, en las mismas faldas del Guadarrama, casi al pie del pico de *Peña-*

Palacio de La Granja.

lara, en las cercanías de extensos pinares y robledales.

Enrique IV de Castilla hizo que se levantara, ya en el año 1450, un templo en honor de San Ildefonso, y posteriormente los Reyes Católicos cedieron el lugar a los monjes jerónimos del cercano monasterio de El Parral, que construyeron una granja y una posada. El rey Felipe V quedó prendado del paisaje. En 1720 los monjes vendieron a la Corona la granja, la ermita y todos los terrenos que rodeaban el monasterio.

Para la construcción del palacio hubo varios proyectos, en los que intervinieron arquitectos como Ardemans, Román, Juvara, Sachetti, Procacini y Subisati. Según la construcción iba avanzando, la sobriedad original del palacio variaba, haciéndose más elegante, lujoso, quizá al gusto de Isabel de Farnesio.

Los jardines que rodean el palacio se trazaron sobre un proyecto de Merchán, llevando a cabo los trabajos de jardinería Carlier y Boutelou. Junto a las numerosas especies vegetales autóctonas, se trajeron muchas de otras zonas, como secuoyas, cedros y tilos. Los jardines y las fuentes fueron encargados a a diversos escultores,

Gamo macho.

especialmente franceses, como Pitué y Fremin. El origen de los monarcas, francés e italiano, determinó el estilo de este Real Sitio.

Armónicos parterres, cuadros de flores, simétricas composiciones, todo un despliegue de cuidado artificio abre el paso, por grandes avenidas arboladas, hacia bosquecillos amenos y escondidos rincones donde una naturaleza más libre surge espléndida.

Jalones fundamentales del paseo son las fuentes, uno de los mejores conjuntos mundiales en su género. Unen a la belleza escultórica de las escenas mitológicas representadas sorprendentes juegos acuáticos.

La Gran Cascada, la fuente de la Fama, los **Baños de Diana** o la **fuente de Neptuno** son algunas de

Jardines de La Granja.

las más admiradas (se ponen en funcionamiento los miércoles a partir de las 17.30 h, y las festividades de San Fernando, 30 de mayo; Santiago, 25 de julio, y San Luis, 25 de agosto).

El palacio y los jardines constituyen hoy un museo. Las salas interiores no son muy grandes pero contienen interesantes colecciones de cuadros, tapices, mobiliario y, sobre todo, una espléndida de relojes del siglo XVIII en su mayoría franceses. Hay en este palacio pinturas de Lucas Jordán, Houasse, Rusca, Canaletto, Van Loo y otros.

Dentro del conjunto de La Granja, tiene un interés especial la **colegiata,** diseñada por Ardemans y cuyas obras dirigió Sabatini. En el **panteón real** están enterrados, por expreso deseo suyo, Felipe V e Isabel de Farnesio, los únicos reyes borbones, junto con Fernando VI y Bárbara de Braganza, cuyos restos no reposan en El Escorial.

La visita de La Granja requiere tiempo, al menos media jornada para repartirla entre el palacio y los jardines. El regreso se puede hacer por la CL 601, atravesando los *pinares de Valsaín,* pueblo en el que hubo otro Real Sitio del que apenas quedan unas pocas ruinas. Ascendiendo por una carretera sinuosa, entre pinos, se alcanza el **puerto de Navacerrada,** estación invernal de esquí, situado a una altura de 1.860 m.

Desde el alto del puerto se puede tomar la carretera M 604, que sale en dirección este y que va bordeando diversas cumbres del Guadarrama, como *Peñalara* y *Cabeza Mediana,* hasta llegar a la localidad de **El Paular,** donde se encuentra el **monas-**terio de Santa María de El Paular.

Parece ser que este monasterio se debe a los remordimientos del rey castellano Enrique II, que había destruido durante sus campañas en Francia un monasterio de la orden de los cartujos. Al morir encargó a su hijo Juan I que construyese especialmente uno para esta orden y los trabajos se continuaron durante los reinados de Enrique III y Juan II, hasta concluirse en el año 1440. Los monarcas siguientes otorgaron numerosos privilegios a esta

Monasterio de El Paular.

cartuja, sobre todo Carlos V. Actualmente es la orden benedictina quien posee este bello enclave, en cuya arquitectura pueden apreciarse diversas influencias arquitectónicas, desde el gótico al barroco.

El regreso a Madrid es interesante realizarlo por la bonita carretera que, entre densos bosques, atraviesa el puerto de la Morcuera y Miraflores, hasta alcanzar la carretera de Colmenar Viejo. ◆

INFORMACIONES
PRÁCTICAS

Gastronomía

Madrid era en el siglo XVI una pequeña villa castellana escasamente poblada, que servía de transición entre la sierra y la llanura manchega. Su cocina ha sido definida como arábigo-manchega por algunos autores. Es indudable el peso específico de la cocina manchega en el acerbo gastronómico de la capital, aunque su posición como lugar de encuentro de las dos Castillas refleja también una cierta incidencia de la cocina castellano-leonesa.

La cocina de Madrid es el reflejo de su propia pobreza. Se sustenta sobre una escasa relación de materias primas y concentra su práctica en torno a dos fórmulas básicas: el guiso y la fritura. Una tercera, que alcanzaría gran peso específico con el tiempo, se incorporaría después: son los asados de cordero y cochinillo.

La llegada de la Corte a Madrid implica un rápido crecimiento de la villa. Es entonces cuando empieza a concretarse la cocina madrileña. Su base está en el desarrollo de la ciudad, en la que confluyen gentes llegadas de toda España, junto a la extraordinaria capacidad de síntesis que demuestra, haciendo suyos sin pudor alguno platos que nunca había conocido y consiguiendo, con el paso de los años, configurar un recetario ecléctico, siempre conciliador con todas las cocinas regionales y en permanente crecimiento.

Conviven a partir de entonces, en Madrid, dos cocinas contrapuestas. Una, de origen francés, barroca y sofisticada, que deja una herencia muy breve. La otra, siempre tradicional, popular y sencilla, prolonga su hábitat natural a tascas, figones, mesones, tabernas y fonduchas.

La historia ha dado papel relevante en este panorama a dos platos: el cocido y los callos.

El cocido (enriquecido con el paso de los años en las grandes mesas) no es más que un puchero enjundioso en el que se combinan garbanzos, hortalizas, chacinas y carnes de cerdo, ave y vacuno, que aporta las calorías que permiten pasar el invierno. Se sirve en tres vuelcos. El primero es un plato de sopa hecho con el caldo del cocido y pasta fina. El segundo lo conforman los garbanzos y las hortalizas (col, zanahoria y patata). El tercero reúne las carnes y la chacina, que también se sirven acompañadas de salsa de tomate. No debe faltar hoy en este cocido el albondigón o "pelota", hecho con miga de pan, ajo, perejil y huevo. Sin embargo el cocido original era mucho más simple que el descrito y el número de ingredientes dependía de la capacidad económica. Su origen hay que buscarlo en la síntesis de dos platos más antiguos: la olla podrida y la adafina de los judíos, más variada en cuanto a carnes, aunque sin la presencia del cerdo.

LOS CALLOS

Los callos son fruto del ingenio popular madrileño al aprovechar las sobras que las grandes mesas desprecian (aunque algunos autores afirman que los callos llegan a Madrid procedentes de Cádiz). Son tripas, morros y manos de vaca o ternera, enriquecidas con chorizo, morcilla y jamón, y guisadas con tomate, cebolla y pimentón.

LEGUMBRES

Además del cocido hay otras formas de preparar legumbres en la cocina de Madrid. Empezando por los potajes cuaresmales, de garbanzos, espinacas y bacalao y siguiendo por las judías estofadas con cebolla y ajos, tal como se preparaban en la ciudad, receta que siguen mayoritariamente las lentejas, que a veces se enriquecen con alguna pieza de morcilla, chorizo u oreja de cerdo.

HORTALIZAS

Madrid no olvida en ningún momento de su historia la feracidad de las huertas que la rodean, y particularmente las del Tajo, concentradas en torno a Aranjuez. De la importancia de las huertas del Tajo, el Tajuña, el Jarama y el Henares queda un amplio testimonio, concentrado en torno a media docena de hortalizas (espárragos, alcachofas, cardos, coliflores, lombardas, berenjenas y ensaladas) y tres frutas (fresas, sandías y melones).

Tuvieron gran fama, que aún mantienen, los espárragos de Aranjuez, que se vendían por las calles a partir de marzo y solían acompañarse, después de hervidos, de vinagretas o salsa mahonesa.

Las alternativas culinarias que se daban a estas y otras verduras eran muy similares. Para empezar, se cocían para después rehogarse con ajo y aceite o aderezarse con vinagretas más o menos ilustradas. Las alcachofas se rellenan además de jamón o se preparan en tortilla, como sucede con la tortilla al estilo de Getafe, mientras que los cardos se guisan con cebolla o un poco de tocino. Las berenjenas se guisan, se rellenan y sobre todo se cortan en rodajas, se rebozan en harina y huevo y se fríen.

La coliflor llega de Italia para enraizar rápidamente en Madrid, donde aparece también rebozada y frita, en ajoarriero o guisada con leche. Mientras que la lombarda se significa como verdura navideña en un guiso que la combina con manzanas reinetas.

En el sureste de la provincia, en torno a Villarejo de Salvanés y Arganda, sobreviven hoy varias almazaras en las que se elabora aceite de oliva.

PESCADOS

Los pescados de esta ciudad no eran sólo los capturados en los ríos que la circundaban ni los pescados ceciales y los escabeches. Es cierto que la mer-

117

luza y el bacalao salados y secados al sol estuvieron en el eje de su recetario, dando lugar a fórmulas de sabores fuertes como la de la merluza a la madrileña, horneada con tomates, pimientos y jamón, o a lindezas del estilo de los soldaditos de pavía o las tajadas de bacalao rebozadas y fritas. El lugar de honor lo ocupó durante siglos un pescado fresco: el besugo. Ha quedado la receta del besugo a la madrileña (asado al horno con unas pequeñas rodajas de limón intercaladas entre la carne) como ejercicio de sutileza culinaria.

CARNES

Las tabernas fueron el rescoldo donde se desarrolló la cocina de los menudos. Junto a los callos aparecían las asaduras de cordero guisadas, el hígado encebollado, la sangrecilla, los higaditos de pollo, los riñones al jerez en sus dos variantes, a lo señorito (con jamón) y a lo pobre (con patatas), la lengua, las manitas de cordero (en salsa o abuñueladas), las criadillas o los sesos,

rebautizados con el nombre de "idiomas y talentos".

Entre los mitos gastronómicos del madrileño ha estado siempre el pollo al ajillo, con tomate, asado, a lo señorito, escabechado... y con él las singulares pepitorias de gallina, sin olvidar el pavo asado y los pichones, preludio éstos de los dos grandes reyes de la caza menor: la perdiz y el conejo. Los asados son plato de día de fiesta mayor, tanto el del diminuto cordero lechal como el del pascual, más crecido. Sea dicho sin despreciar el de cochinillo, que en Madrid llaman tostones.

QUESOS

Entre los quesos hay que hablar, sin perjuicio de los quesos que al estilo manchego se elaboraron en la zona, del requesón de Miraflores, hoy en peligro de desaparición como producto artesanal. Elaborado tradicionalmente con suero de leche de oveja o de vaca exhibe como símbolo distintivo su frescura y la pureza de su sabor.

REPOSTERÍA

Y si nos pasamos a los dulces y no queremos abandonar las tradiciones tabernarias del recetario capitalino habrá que empezar por las torrijas, hoy dulce de Semana Santa pero antes eternas en todas sus variantes, sobre todo la que sustituía la leche por el vino en el baño previo a la fritura del trozo de pan que luego se espolvorearía con canela y azúcar. Dulces de fecha fija fueron, y siguen siéndolo, las rosquillas de la fiesta de San Isidro, patrón de la ciudad. Tuvieron fama las de la Tía Javiera, también llamadas de Fuenlabrada, empapadas en aguardiente y cubiertas de jarabe endurecido, y las de Santa Clara, pero las rosquillas son, como siempre, tontas (sin nada) y listas (bañadas en azúcar, clara de huevo y limón).

El primero de noviembre, fiesta de todos los santos, es tiempo de los huesos de santo, los buñuelos "de viento" (rellenos de aire) y los huesos de San Expedito. Y el seis de enero, día de Reyes, es el del roscón, herencia de las costumbres francesas llegadas a España a finales del XVIII.

No se pueden dejar de lado los churros y las porras, protagonistas eternos del desayuno y las meriendas de los madrileños.

LA COCINA MADRILEÑA DE HOY

El desmesurado crecimiento experimentado por la ciudad en los últimos cincuenta años la ha convertido en un enorme crisol que destila las cocinas de España convirtiéndolas en madrileñas.

Madrid hace suyas las angulas cuando sólo las comen los vascos, incorpora la merluza frita a su acerbo culinario, hace de la salsa verde algo cotidiano, se convierte en voraz consumidor de carnes rojas, desarrolla en torno al prestigio de sus cosos taurinos una cocina específica del toro de lidia, desarrolla menestras de cordero como si su huerta fuera la del Ebro, presume de ofrecer los mejores pescados del Atlántico y el Mediterráneo hasta el punto de asegurar haberse convertido en el más importante puerto de mar del país...

Todo se unifica al amparo de la misma sentencia: es madrileña toda la cocina que se hace en Madrid.

VINOS Y AGUARDIENTES

La Denominación de Origen Madrid se concentra en tres subzonas del sur de la provincia: Arganda, Navalcarnero y San Martín de Valdeiglesias. Los vinos de Madrid gozan de una larga vida. Se sabe que en Alcalá se elaboraba en el siglo XI un vino llamado La Tercia. Era el paso previo a una carrera fulgurante que llevaría a lo largo de los siglos XVII y XVIII a los vinos de Madrid, y sobre todo los de Navalcarnero y San Martín de Valdeiglesias a obtener fama en todas las cortes europeas. Eran vinos blancos, generosos o rancios, de paladar delicado y facilidad para viajar. En la segunda mitad del siglo XX los vinos madrileños eran intensos y de alto valor alcohólico, producido con destino a las envasadoras industriales o a bodegas de otras zonas para hacer

coupages. En los últimos años la mayoría de las bodegas han renovado sus sistemas de producción con tecnología moderna.

La tipología de los vinos, como sucede con las cepas admitidas por el Consejo Regulador, varía en función de las tres subzonas. En todas ellas se autoriza la elaboración de blancos, rosados, tintos y claretes (obtenidos de la mezcla de mostos de uvas tintas y blancas). La tendencia en Arganda se dirige a obtener vinos suaves y ligeros, en los que prime el carácter frutal de la uva. El elevado grado alcohólico de los vinos del área de Navalcarnero es consecuencia de la utilización de la garnacha como elemento base de tintos y rosados. Ofrecerá algo más de grado y mayor robustez.

Hoy se elabora una amplia gama de alcoholes anisados. Desde los más suaves y dulces a los aguardientes más secos y alcohólicos: en un abanico que oscila entre 10 y 37 grados pero que puede llegar a los 70 de un aguardiente extraseco.

Restaurantes

MADRID

Zalacaín. Álvarez de Baena, 4. Telf. 91 561 48 40 y 91 561 59 35. Cierra sábado mediodía, domingo festivos, Semana Santa y agosto. Aparcacoches. Local serio y elegante, servicio impecable y gran bodega como marco a una cocina de alto nivel y corte clásico, que no renuncia a las innovaciones. Menú degustación, 90 €.

El Chaflán
Avda. Pío XII, 34 (Hotel Aristos). Telf. 91 350 61 93.
Cierra sábado mediodía, domingo festivos, Semana Santa. Amplio local con toques minimalistas donde para disfrutar de una cocina de alto nivel. Amplia carta de vinos.
Precio medio, 60-115 €.

Viridiana. Juan de Mena, 14. Telf. 91 523 44 78. Cierra domingo, Semana Santa y agosto. Cocina joven e imaginativa. Excelente bodega. Precio medio, 80 €.

La Broche
Miguel Ángel, 29 (Hotel Miguel Ángel). Telf. 91 399 34 37. Cierra fines de semana, Semana Santa y agosto.

Aparcacoches. Local amplio y luminoso para disfrutar de una excelente cocina vanguardista de la mano de Sergi Arola. Precio medio, 82 €.

Jockey
Amador de los Ríos, 6.
Telf. 91 319 24 35.
Cierra festivos y agosto. Aparcacoches. Un clásico de la alta cocina con innovaciones. Dispone de acceso para minusválidos. Precio medio, 65 €.

El Amparo
Callejón de Puigcerdá, 8.
Telf. 91 431 64 56. Cierra sábado mediodía y domingo. Aparcacoches. Decoración perfecta, servicio impecable y exquisita cocina. Buena bodega. Precio medio, 60 €.

Príncipe de Viana
Manuel de Falla, 5.
Telf. 91 457 15 49. Cierra sábado a mediodía, domingo y agosto. Aparcacoches. Muy lograda unión entre la tradición vasco-navarra y las nuevas ideas culinarias. Conviene reservar. Precio medio, 80 €.

Horcher. Alfonso XII, 6.
Telf. 91 522 07 31. Cierra sábado mediodía, domingo Semana Santa y agosto. Alta cocina de inspiración centroeuropea y uno de los pocos restaurantes que ofrece platos de caza de altura. Precio medio, 72 €.

Goizeko Kabi. Comandante Zorita, 37. Telf. 91 533 02 14. Cierra sábado a mediodía (en verano) y domingo.

Aparcacoches. Filial del Goizeko Kabi bilbaíno, uno de los grandes de la cocina moderna del País Vasco. Dispone de acceso para minusválidos. Precio medio, 50 €.

Combarro
José Ortega y Gasset, 40. Telf. 91 577 82 72. Aparcacoches. Cierra domingo noche y agosto. Es la mejor cocina gallega que se puede encontrar en España. Pescados y mariscos espléndidos. Precio medio, 60-70 €.

Club 31
Alcalá, 58. Telf. 91 531 00 92. Cierra agosto. Todo es de calidad: la cocina internacional, el servicio profesional, el ambiente serio y tranquilo. Precio medio, 48 €.

Lhardy
Carrera de San Jerónimo, 8. Telf. 91 522 22 07. Legendario restaurante de salones ochocentistas, maderas nobles, lámparas de cristal... Se aconseja pedir platos clásicos: cocido, callos, faisán. Precio medio, 50 €.

El Bodegón
Pinar, 15. Telf. 91 562 88 44. Cocina internacional con base en el mercado y asesoría vasca. Precio medio, 45 €.

Arce. Augusto Figueroa, 32. Telf. 91 522 04 40. Cierra sábado a mediodía y domingo. Cocina moderna y de raíces vascas. Constantes innovaciones en la carta. Precio medio, 60 €.

Cabo Mayo. Juan Ramón Jiménez, 11. Telf. 91 350 87 76. El espectacular desarrollo del restaurante no ha hecho mella en su línea culinaria, siempre creativa. Fundado por Víctor Merino, uno de los padres de la nueva cocina. Precio medio, 42 €.

O Pazo. Reina Mercedes, 20. Telf. 91 534 37 48. La base de su éxito está en la calidad de los pescados y mariscos. Precio medio, 45 €.

Pedro Larumbe
Serrano, 61; Telf. 91 575 11 12. Instalado en los antiguos salones nobles del diario ABC. Cocina imaginativa. Precio medio, 50 €.

Currito. Casa de Campo. Pabellón de Vizcaya. Telf. 91 464 57 04. Cierra domingo noche. Aparcacoches. Popular asador de carnes y pescados que ha incorporado algunos platos modernos bien resueltos. Acceso para minusválidos. Precio medio, 40 €.

Sacha
Juan Hurtado de Mendoza, 11. Telf. 91 345 59 52. Restaurante cuya cocina, de bases tradicionales, recoge muestras del recetario catalán y gallego. Precio medio, 80 €.

Julián de Tolosa
Cava Baja, 18; Telf. 91 365 82 10. Carnes rojas a la parrilla y pimientos del piquillo inolvidables. Precio medio, 42 €.

El Cenador del Prado
Prado, 4. Telf. 91 429 15 49. Cocina rabiosamente moderna y felizmente vanguardista, que cuenta con numerosos adeptos. Precio medio, 36 €.

Café de Oriente. Pza. de Oriente, 2. Telf. 91 541 39 74. Es un clásico y su cocina bebe de todas las fuentes: tradicional, internacional y un toque de imaginación. Precio medio, 45 €.

Or Dago. Sancho Dávila, 15. Telf. 91 356 71 85. Cocina vasca de toda la vida que hará las delicias de quien consiga mesa. Imprescindible reservar. Precio medio, 36 €.

Las Cuatro Estaciones
General Ibáñez Ibero, 5. Telf. 91 554 87 34. Aparcacoches. Cierra sábado a mediodía, domingo, Semana Santa y agosto. Una decoración alegre y moderna para una cocina de temporada —cambia con las estaciones— de gran altura y gusto internacional. Menú degustación, 50 €.

Callao

Asador Frontón
Pedro Muguruza, 8.
Telf. 91 345 39 01 y
Tirso de Molina, 7.
Telf. 91 369 16 17. La mejor carne roja
que se puede encontrar en Madrid,
asada a la parrilla, junto a platos vas-
cos. Precio medio, 36 €.

Casa Lucio
Cava Baja, 35.
Telf. 91 365 32 52. Aparcacoches. Es
la exaltación de la tasca madrileña.
Cocina de siempre y trato familiar en
un local que reúne a "todo Madrid".
Sus huevos fritos con patatas y su
cocido son, sin duda, los mejores de
Madrid. Precio medio, 30-42 €.

Botín
Cuchilleros, 17.
Telf. 91 366 42 17. Es el restaurante
más antiguo de la ciudad y también
uno de los más famosos. Cocina típica
castellana. Precio medio, 30 €.

La Ancha
Príncipe de Vergara, 204.
Telf. 91 563 89 77. Aparcacoches.
Raguts al estilo casero y un poco sofis-
ticados. Le recomendamos que se deje
guiar por las recomendaciones del
dueño. Raciones abundantes.
Precio medio, 50 €.

El Mentidero de la Villa
Santo Tomé, 6. Telf. 91 308 12 85.
Aparcacoches. Acogedor, su cocina
se inspira en las corrientes más modernas. Dispone de acceso para minusválidos. Precio medio, 40-45 €.

Casa Benigna
Benigno Soto, 9. Telf. 91 413 33 56.
Espléndidos arroces alicantinos.
Precio medio, 55 €.

La Barraca
Calle de la Reina, 29.
Telf. 91 532 71 54. Arroces.
Precio medio, 33 €.

Casa Ciriaco
Mayor, 84. Telf. 91 548 06 20. Antigua, tradicional y popularísima casa
de comidas. Precio medio, 25 €.

Kabuki
Avda. Presidente Carmona, 2.
Telf. 91 417 64 15.
El mejor japonés de Madrid. Impres-
cindibles sus flores de calabacín relle-
nas. Agradable terraza en temporada.
Precio medio, 42 €.

Thai Gardens
Jorge Juan, 5. Telf. 91 577 88 84.
Un gran local adornado con una exu-
berante vegetación y piezas de arte
asiático, ideal para degustar la mejor
cocina tailandesa de Madrid.
Precio medio, 40 €.

Asiana
Travesía de San Mateo, 4.
Telf. 91 310 09 65. Un local atípico y
llamativo que sitúa el comedor en el
sótano de una tienda de antigüedades orientales. La propuesta es una
cocina muy moderna estructurada
entorno a un menú fijo que cambia
cada semana. Precio del menú, 80 €.

No-Do
Velázquez, 150. Telf. 91 564 40 44.
Aparcacoches. Restaurante moderno,
frecuentado al mediodía por profe-
sionales jóvenes, y de ambiente cosmopolita por las noches. Vocación
minimalista-japonesa en la decoración. Precio medio, 40 €.

Guisando.
Nuñez de Balboa, 75.
Telf. 91 575 10 10. Cocina clásica reno-
vada. Especialidad en rabo de toro.
Servicio profesional en un comedor
muy agradable. Precio medio, 25 €.

Edelweiss. Jovellanos, 7.
Telf. 91 532 33 83 y 91 421 03 26. Clásico restaurante alemán, situado junto al Congreso de los Diputados. Ahumados, codillo, embutidos alemanes... Precio medio, 25-30 €.

Ciao Madrid. Argensola, 7.
Telf. 91 308 25 19. Auténtica cocina italiana casera, honestidad entre tanto sucedáneo italiano como hay en Madrid. Precio medio, 25 €.

Casa Hortensia
Farmacia, 2. Telf. 91 539 00 90. Es un clásico de la fabada y, según cuentan, una ramificación de la mítica Casa Portal. Asturiano de raíz, ofrece las mejores fabes. Precio medio, 40 €.

La Tahona
Capitán Haya, 21. Telf. 91 555 04 41. Su especialidad es el cordero asado en horno de leña. Pero no es una carne cualquiera: pertenece a corderos de raza churra, traída del valle del Esgueva. Precio medio a la carta, 35-40 €.

El Granero de Lavapiés. Argumosa, 10. Telf. 91 467 76 11. La imaginación y el buen hacer se dan la mano en este establecimiento. Ideal para aquellos recelosos de la cocina vegetariana. Platos como: seitán en salsa de almendras. Precio medio, 16 €.

La Giralda III y IV
Maldonado, 4. Telf. 91 577 77 62. Y en Claudio Coello, 25.
Telf. 91 576 40 69. Las clásicas frituras de pescado y platos típicos del sur. Precio medio, 42-50 €.

Carmencita
Libertad, 16. Telf. 91 531 66 12. Antigua y popular casa de comidas en el barrio de Chueca. Cocina tradicional casera. Precio medio, 28 €.

Casa Patas
Cañizares, 10.
Telf. 91 369 04 96. Añejo establecimiento con cocina casera española. Ofrece funciones flamencas. Precio medio, 25 €.

Albur
Manuela Malasaña, 15.
Telf. 91 594 27 33. Taberna y casa de comidas de cocina tradicional elaborada con productos selectos de la geografía española, así como una cuidada selección de vinos. Estupendos arroces todos los viernes, sábado y domingo. Precio medio, 20 €.

La Castela
Doctor Castelo, 22. Telf. 91 573 55 90. Mucho marisco a la vista y profusa exposición de conservas. Tiene un comedorcito donde sirven una carta exquisita. Precio medio, 35 €.

Taberna La Cruzada
Amnistía, 8. Telf. 91 548 01 31.
Bien surtida carta de vinos que se sirven por copas o por botellas. En la cocina, una apuesta decidida por el sabor. Un rincón encantador.

Casa Mingo. Paseo de la Florida, 34. Telf. 91 547 79 18. Situado entre el Manzanares y la estación de Príncipe Pío. Es un clásico de la sidra y de los pollos asados. Precio medio, 25 €.

ALCALÁ DE HENARES

Hostería del Estudiante
Colegios, 3. Telf. 91 888 03 30. En las dependencias del antiguo Colegio Trilingüe. Migas castellanas.
Precio medio, 33 €.

Casa Cirilo. Libreros.
Telf. 660 510 754. El más antiguo de la ciudad. Local legendario y entrañable que ofrece cocina casera a precio económico.

Cueva de Antolín
Libreros, 40. Telf. 91 888 27 21. Ofrece cocina casera. Precio medio, 20 €.

ARANJUEZ

Casa José
Abastos, 32. Telf. 91 891 14 88. Estupendo exponente de cocina creativa en Aranjuez. Precio medio: 55 €.

Casa Pablo
Almíbar, 42. Telf. 91 891 14 51. El mejor restaurante de Aranjuez. Cocina castellana con especialidad en faisán.
Precio medio, 36 €.

Almíbar
Almíbar, 138. Telf. 91 891 00 97. Excelente cocina ribereña y surtida bodega. Ideal para darse un capricho.
Precio medio, 30-36 €.

El Rincón de Luis
Grande, 31. Titulcia. Telf. 91 801 01 75/ 10 82. En este local rural se sirven deliciosos entrantes, pescados y carnes. Postres caseros y una amplia carta de vinos completan una excelente comida.
Precio medio, 40 €.

CHINCHÓN

Mesón de la Virreina
Plaza Mayor, 28. Telf. 91 894 00 15. Asados y algo de cocina manchega.
Precio medio, 30 €.

El Bodegón. Los Huertos, 1.
Telf. 91 894 08 36. Es el estaurante de El Parador de Turismo y en él sirven un excelente cocido, hecho a la antigua usanza. 25 €.

La Fonda del Bandolero
Chinchón, 15. En Villaconejos.
Telf. 91 893 87 63. Excelente cocina de mercado. Precio medio, 24 €.

COLMENAR DEL ARROYO

Mesón de Doña Filo. San Juan, 3.
Telf. 91 865 14 71. Cocina exquisita, postres caseros y surtida bodega.
Precio medio, 40 €.

COLMENAR VIEJO

Asador de Colmenar
Antigua ctra. Madrid-Miraflores, km 33. Telf. 91 845 03 26. Cocina castellana. Precio medio, 33 €.

MIRAFLORES DE LA SIERRA

Mesón Maíto. Calvo Sotelo, 5.
Telf. 91 844 35 67. El más antiguo del pueblo. Cocina castellana. Dispone de acceso para minusválidos.
Precio medio, 32 €.

MORALZARZAL

El Cenador de Salvador. Avda. de España, 30. Telf. 91 857 62 76. El más

acreditado restaurante de toda la sierra. Cocina imaginativa y servicio excelente. Precio medio, 75 €.

NAVACERRADA

Felipe. Calle Mayor, 2.
Telf. 91 856 08 34. Acogedor asador de carnes rojas y pescados.
Precio medio, 30 €.

PATONES

El Poleo
Travesía del Arroyo, 1-3.
Telf. 91 843 21 01. Bonita decoración y buen servicio. Cocina vasco-francesa y de mercado. Precio medio, 36 €.

POZUELO DE ALARCÓN

Tere
Juan Pablo II, 64. Telf. 91 715 76 22.
Cocina popular en un restaurante ya clásico. Carnes rojas y buenos pescados. Precio medio, 50-60 €.

La Española
Avda. Juan XXIII, 5. Telf. 91 715 87 85.
Buena cocina de corte clásico basada en la calidad de las materias primas.
Precio medio, 40 €.

RASCAFRÍA

Hotel Santa María del Paular
Ctra. M 604, km 26,5.
Telf. 91 869 10 11. Cuenta con dos restaurantes: *Don Lope,* especializado en cocina regional, y *Mesón Trastamara,* en asados en horno de leña.

SAN FERNANDO DE HENARES

Palacio del Negralejo
Ctra. de San Fernando a Mejorada, km 3. Telf. 91 669 11 25. Instalado en una antigua casa de campo señorial.
Precio medio a la carta, 55-60 €.

SAN LORENZO DE EL ESCORIAL

Charolés
Floridablanca, 24. Telf. 91 890 59 75.
Buenas carnes, espléndidas materias primas y un local agradable. La cocina combina recetas tradicionales con fórmulas de la cocina moderna. Acceso para minusválidos.
Precio medio, 45 €.

Parrilla Príncipe. Floridablanca, 6.
Telf. 91 890 15 48. Cierra martes (no festivos). Todo muy cuidado: el local, la carta, la presentación de los platos... Precio medio, 35 €.

TORREJÓN DE ARDOZ

Vaquerín. Ronda de Poniente, 2.
Telf. 91 675 66 20. Cierra sábado y domingo noche. Cocina tradicional de pescados, bien elaborada.
Precio medio, 36 €.

TORRELODONES

Casino Gran Madrid
Ctra. de La Coruña, km 28,300.
Telf. 900 900 810. Excelente cocina internacional. Precio medio, 36 €.

El Mesonero
Ctra. de La Coruña, km 26. **Las Matas.**
Telf. 91 630 28 91. Platos inspirados en la cocina internacional con base en una excelente materia prima.
Precio medio, 30 €.

VALDEMORILLO

Los Bravos. San Juan, 30.
Telf. 91 899 01 83. Cocina casera excelente. Buenos guisos de carne (rabo de toro, morcillo, etc.) y pescados.
Precio medio, 42 €.

Calendario de fiestas

ENERO

Navidad. La ciudad se llena de luces, árboles y nacimientos. En la Plaza Mayor se organiza la tradicional feria de belenes. El *Año Nuevo* se recibe multitudinariamente en la Puerta del Sol. La noche de *Reyes* el Ayuntamiento organiza una Cabalgata que recorre todo el centro de la ciudad.

San Antón (17 de enero). Tradicional procesión de animales en los alrededores de la iglesia de San Antonio Abad y bendición.

FEBRERO

Carnaval. El Ayuntamiento organiza una semana de fiestas con cabalgata de carrozas y desfiles de disfraces por las calles y un concurso de Comparsas, Murgas y Chirigotas al estilo gaditano. Terminan las fiestas con el famoso *Entierro de la Sardina,* los cofrades ataviados con chistera y capa negra acompañan al ataúd en donde se transporta la sardina para ser enterrada en San Antonio de la Florida. Con aspecto serio y burlón, los integrantes de la pintoresca comitiva recorren las calles del viejo Madrid haciendo paradas en las tabernas.

MARZO-ABRIL

Semana Santa. Como en el resto de España, en Madrid salen las procesiones y se hacen las tradicionales visitas a los monumentos. .

MAYO

Fiestas del 2 de Mayo
Fiestas de la Comunidad Autónoma. Se celebran con desfiles, procesiones y diversas actividades. Coinciden con las de la Plaza del Dos de Mayo, en Malasaña, muy populares para la juventud madrileña.

San Isidro (15 mayo)
Festividad del patrón de Madrid. Se celebra tradicionalmente una popular romería en la Pradera de San Isidro, además el Ayuntamiento organiza un programa con diversas actividades que duran hasta finales de mes. Verbenas, romerías, pasacalles, representaciones de teatro y zarzuela, conciertos de música clásica, flamenco, pop y rock, exposiciones, ferias, actividades deportivas, toros, concursos de chotis, etc.

JUNIO

San Antonio (13 junio). En San Antonio de la Florida se celebra la tradicional y castiza verbena.

San Juan (24 junio). Se celebra la noche de San Juan en diferentes barrios de Madrid.

San Pedro (29 junio). Fiestas y verbenas en distintos barrios.

JULIO

Virgen del Carmen (16 julio). Se celebran en diferentes barrios.

AGOSTO

San Cayetano (3 agosto); **San Lorenzo** (5 agosto) **y La Paloma,** (15 agosto). Estas tres fiestas se van sucediendo en el distrito centro. Son las fiestas más típicas y castizas de Madrid. En Lavapiés, La Latina, Tirso de Molina y la Puerta de Toledo tienen sabor a pueblo, con verbenas y concursos de chotis con chulos y chulapas. Las calles se adornan y se bebe la limonada, sangría hecha con vino blanco, no faltan los puestos típicos de churros. Es como si estuviéramos asistiendo a una zarzuela.

NOVIEMBRE

La Almudena, (9 de noviembre). Patrona oficial de la villa, se organizan diversos actos.

Conciertos y festivales

Ciclos de Música de Cámara y Polifonía. De octubre a abril en el Auditorio Nacional.

Conciertos de la Banda Municipal. En otoño e invierno, en el Centro Cultural de la Villa. En verano, en el templete del Parque del Retiro, todos los domingo.

Conciertos de Ciclos Monográficos. Los miercóles, de enero a junio en la Fundación Juan March.

Festival Internacional de Teatro Organizado por el Ayuntamiento de Madrid, Comunidad Autónoma y Ministerio de Cultura. En el mes de marzo aproximadamente, participan grupos de teatro de todo el mundo.

Festival de Otoño. Organizado por la Consejería de Cultura de la Comunidad de Madrid, en los meses de septiembre-octubre. En este festival se puede ver teatro, danza y conciertos.

Festival Rock Villa de Madrid Se lleva a cabo en mayo-junio. Está organizado por el Ayuntamiento.

Lunes Musicales de Radio Nacional. De noviembre a marzo en el Círculo de Bellas Artes.

Madrid en Danza. Organizado por el INAEM y el Ayuntamiento de Madrid. De mayo a junio.

Temporada de Ópera, Zarzuela y Ballet. De octubre a julio en el Teatro de la Zarzuela.

Temporada de Conciertos de la Orquesta y Coros Nacionales de España. De octubre a abril en el Auditorio Nacional.

Temporada de Conciertos de la Orquesta y Coro Nacionales de España. De octubre a marzo en el Auditorio Nacional de Música.

Veranos de la Villa. El Ayuntamiento de Madrid organiza todos los veranos diversas actividades: teatro, cine al aire libre, conciertos, recitales.

Cumbre Flamenca. En el mes de abril. Lo mejor del flamenco se presenta en Madrid en este mes.

Festival de Jazz. Durante el mes de noviembre, los mejores músicos de jazz del mundo se dan cita en este festival que se celebra en varios teatros de Madrid.

Museos y monumentos

Museo del Prado
Paseo del Prado. Telf. 91 330 28 00 y 91 330 29 00. Visita: de martes a domingo y festivos, de 9 h a 20 h. Lunes cerrado. http://museoprado.mcu.es Ver páginas 31-47.

Casón del Buen Retiro
Alfonso XII, 28. Telf. 91 330 29 00. En estos momentos se encuentra cerrado por obras.
Ver página 77.

Museo Thyssen-Bornemisza
Paseo del Prado, 8.
Telf. 91 369 01 51.
Visita: de martes a domingo, de 10 a 19 h. Lunes cerrado. Exposiciones permanentes y temporales.
www.museothyssen.org
Ver página 72.

**Museo Nacional
Centro de Arte Reina Sofía**
Santa Isabel, 52. Telf. 91 774 10 00/ 56. Visita: todos los días, de 10 h a 21 h. Domingo de 10 h a 14.30 h.
Martes cerrado.
http://museoreinasofia.mcu.es
Ver página 69.

Museo de la Real Academia de Bellas Artes de San Fernando
Alcalá, 13. Telf. 91 524 08 64. Visita: de martes a viernes, de 9 h a 19 h; sábado, domingo, lunes y festivos de 9 h a 14 h. Creada por Fernando VI, cuenta con un gran fondo artístico de más de 1.000 lienzos. Entre sus numerosas obras hay cuadros de Zurbarán, El Greco, Ribera, Madrazo, Sorolla, Velázquez (con un retrato de Felipe IV) y Goya (con dos estupendos retratos de Godoy). Hay también interesantes cuadros de pintores extranjeros, como Lucas Jordán, Rubens y Van Dyck.

Museo Sorolla
General Martínez Campos, 37.
Telf. 91 310 15 84. Visita: todos los días, de 9.30 h a 15 h, incluido domingo (de 10 h a 15 h) que es gratuito. Lunes cerrado. http://museosorolla.mcu.es Ver página 89.

Museo Arqueológico Nacional
Serrano, 13. Telf. 91 577 79 12. Visita: de martes a sábado, de 9.30 h a 20.30 h. Domingo de 9.30 h a 14.30 h. Visita pública gratuita: el sábado a partir de las 14.30 h y el domingo y festivos.
Ver página 88.

Museo Lázaro Galdiano
Serrano, 122. Telf. 91 561 60 84.
Visita: de 10.30 h a 16.30 h; martes cerrado. Ver páginas 89-90.

Museo Cerralbo
Ventura Rodríguez, 17.
Telf. 91 547 36 46/ 23 69.
Visita, de martes a sábado, de 9.30 h a 14.30 h. Domingo de 10 h a 14 h. Lunes cerrado. Ver página 83.

Palacio Real
Telf. 91 542 00 59. Visita: en verano (de abril a septiembre), de lunes a sábado, de 9 h a 18 h. Domingo y festivos de 9 h a 15 h. En invierno (de octubre a marzo), de lunes a sábado, de 9.30 h a 17 h. Domingo y festivos, de 9 h a 14 h. No hay visitas cuando se realizan actos oficiales.
Ver página 58.

Fundación Casa de Alba
Princesa, 20. Palacio de Liria.
Telf. 91 547 53 02. Se visita los viernes por la mañana previa petición por escrito. Ver página 83.

Convento de las Descalzas Reales. Pza. de las Descalzas Reales, 3. Telf. 91 521 27 79. Visita: de martes a sábado, de 10.30 h a 12.45 h y de 16 h a 17.45 h. Festivos de 11 h a 13.45 h. Lunes y viernes por la tarde cerrado. Ver página 89.

Convento de la Encarnación
Plaza de la Encarnación, s/n.
Telf. 91 454 87 00. Visita: de martes a sábado, de 10.30 h a 12.45 h y de

16 h a 17.45 h. Festivos de 11 h a 13.45 h. Lunes y viernes por la tarde cerrado. Ver página 59.

Museo Municipal
Fuencarral 78.
Telf. 91 588 86 72.
Visita: de martes a viernes, de 9.30 h a 20 h. Sábado y domingo, de 10 h a 14 h. Cerrado lunes.
Ver páginas 84 -85.

Museo Nacional de Ciencias Naturales
José Gutierrez Abascal, 2.
Telf. 91 411 13 28. Visita: de martes a viernes, de 10 h a 18 h; sábado, de 10 h a 20 h. Lunes, domingo y festivos, de 10 h a 14.30 h.
Ver página 90.

Museo de la Ciudad
Príncipe de Vergara, 140.
Telf. 91 588 65 99.
Visitas: de martes a viernes, de 10 h a 14 h y de 16 h a 18 h (de 17 h a 20 h en verano). Sábado y domingo, de 10 h a 14 h. Lunes cerrado.
Fue inaugurado en 1992 e instalado en un moderno edificio construido a tal fin. Recoge en cuatro plantas la historia de Madrid a través de objetos, planos, maquetas, diagramas, fotografías, reconstrucciones. También exposiciones temporales.

Museo de Artes Decorativas
Montalbán, 12.
Telf. 91 532 64 99. Visita: de martes a sábado, de 9.30 h a 15 h. Domingo y festivos, 10 h a 15 h. Lunes cerrado.
http://mnartesdecorativas.mcu.es
Situado desde finales del siglo XIX en un palacete del centro de Madrid, posee unos 15.000 objetos de las artes decorativas: cerámica de las distintas fábricas españolas (La Granja, Retiro, etc.).

Museo de América
Avenida Reyes Católicos, 6.
Telf. 91 543 94 37. Visita: de martes a sábado, de 9.30 h a 15 h; domingo y festivos, de 10 h a 14.30 h. Lunes cerrado. Exhibe muestras de arte y culturas precolombinas y piezas hispanoamericanas y americanas.

Real Jardín Botánico. Pza. Murillo, 2. Telf. 91 420 30 17. Visita, desde las 10 h hasta la puesta de sol.
Exposiciones temporales en el Palacio de Villanueva.

Museo de Escultura al Aire Libre
Paseo de la Castellana, 41. Se exhibe bajo el puente que cruza la Castellana y que une Juan Bravo con Eduardo Dato. Información en el Museo Municipal. Ver página 89.

Museo Romántico
San Mateo, 13. Telf. 91 448 10 71/ 45. Actualmente cerrado por remodelación.
Ver página 85.

Museo Nacional de Etnología
Alfonso XII, 68. Telf. 91 530 64 18.
Visita: de martes a sábado, de 10 h a 19.30 h. Domingo y festivos, de 10 h a 14 h. Lunes cerrado.
Ver página 70.

Museo de la Fábrica Nacional de Moneda y Timbre. Doctor Esquerdo, 36. Telf. 91 566 65 44. Visita: de 10 h a 21.30 h. Sábado, domingo y festivos, de 10 h a 14 h. Lunes cerrado. Los fondos dan testimonio de la historia de la moneda, especialmente la española, desde el siglo VII a.C. hasta la actualidad. También muestra todo tipo de objetos y maquinaria.

Museo Interactivo del Libro
Paseo de Recoletos, 20.
Telf. 91 580 77 59. Visita: de martes a sábado, de 10 h a 21 h; domingo y festivos, de 10 h a 14 h. Lunes cerrado. Exposición permanente de la Biblioteca Nacional. Ofrece en siete salas una panorámica minuciosa de la actividad de la Biblioteca Nacional, sus riquísimos fondos, una visión histórica, por épocas, del desarrollo del libro, las técnicas antiguas y modernas, etc. Ver página 88.

Museo de Cera
Paseo Recoletos, 41.
Telf. 91 319 46 81.
Visita: de 10 h a 14.30 h. Sábado, domingo y festivos, de 10 h a 20.30 h.
Ver página 88.

Museo Cosmo Caixa
Pintor Velázquez, s/n. Parque de Andalucía, Alcobendas.
Telf. 91 661 39 09.

Museo de Aeronáutica y Astronáutica
Ctra. de Extremadura, km 10,500.
Telf. 91 509 16 90.
Visita: todos los días, de 10 h a 14 h. Lunes cerrado.
Instalado en el aeródromo de Cuatro Vientos. Aviones históricos y aparatos de todo tipo y tamaño, con modelos desde los albores de la aviación hasta hoy, en perfecto estado de funcionamiento.

Museo de Artes y Tradiciones Populares
Ctra. de Colmenar Viejo, km 15. Universidad Autónoma de Madrid.
Telf. 91 397 42 70. Visita: de lunes a viernes, de 11 h a 14 h. Martes y jueves, de 17 h a 20 h.
En el Departamento de Prehistoria y Arqueología de la Facultad de Filosofía y Letras de la Universidad Autónoma (está pendiente de traslado al barrio de Lavapiés).
Sus fondos están compuestos, casi en su totalidad, por objetos etnográficos que abarcan desde mediados del siglo pasado hasta la primera mitad del actual: más de 6.000 piezas de madera, metal, vidrio, cerámica, cuero...

Museo del Traje
Avda. Juan de Herrera, 2.
Telf. 91 549 71 50.
Visita: de martes a sábado, de 9.30 h a 19 h. Domingo y festivos, de 10 h a 15 h. Lunes cerrado.
http://museodeltraje.mcu.es

Real Fábrica de Tapices
Fuenterrabía, 2.
Telf. 91 434 05 50. De lunes a viernes, de 10 h a 14 h.
Alberga una colección de tapices y cartones antiguos, así como alfombras confeccionadas con métodos manuales.

Museo de las Telecomunicaciones. Fuencarral, 3. Telf. 91 584 23 00.
Visita: de martes a viernes, de 10 h a 14 h y de 17 h a 20 h; sábado de 11 h a 20 h, domingo de 11 h a 14 h. Lunes cerrado.
En la sede social de Telefónica. Expone una historia de la telefonía desde los primeros aparatos, equipos básicos de antiguas centrales y su modernización a lo largo del tiempo, hasta los últimos adelantos tecnológicos. Exposiciones temporales y permanentes.
Ver página 81.

Museo Nacional Ferroviario
Paseo de las Delicias, 61.
Telf. 902 22 88 22.
Visita: de martes a domingo de 10 h a 15 h. Lunes cerrado. En la Estación de Delicias.
Ver página 69.

Museo Naval
Paseo del Prado, 5.
Telf. 91 379 52 99.
Visita: de 10 h a 14 h. Lunes cerrado.
Ver página 72.

Museo Geominero
Ríos Rosas, 23.
Telf. 91 349 57 59. Visita: de lunes a domingo, de 9 h a 14 h. Alberga importantes colecciones de fósiles y minerales españoles.

Ermita de San Antonio de la Florida. Glorieta de San Antonio de la Florida, 5. Telf. 91 542 07 22.
Ver página 95.

Templo de Debod
Ferraz, s/n.
Telf. 91 409 61 65.
Ver página 95.

Niños

AB Aquarium Madrid
Maestro Victoria, 8.
Telf. 91 531 81 72. Pirañas, cocodrilos, tarántulas, tortugas, serpientes y otros reptiles.

Parque de Atracciones
Casa de Campo.
Telf. 91 463 29 00. Abierto todos los días desde las 12 h.

Planetario
Parque de Tierno Galván.
Telf. 91 467 38 98.
Presenta una bóveda sobre la que se proyectan las constelaciones. Abre todos los días excepto lunes.

Teleférico
Paseo del Pintor Rosales, s/n, esquina a Marqués de Urquijo. Abierto todos los días desde las 11 h.

Aquópolis. El parque acuático
Villanueva de la Cañada.
Telf. 91 815 69 11.
Horario: todos los días de 12 h a 20 h. Autobuses gratuitos, todas las mañanas, desde pza. de España y estaciones de Renfe de Villalba y San José de Valderas.

Imax Madrid
Meneses, s/n (Parque Tierno Galván). Telf. 91 467 48 00. Para ver el cine del futuro.

Multivisión Diaporama y Tren del Terror.
Plaza de Colón, anexo al Museo de Cera. Telf. 91 319 46 81. Espectacular muestra de luz, color y sonido. Miedo y terror.

Museo de Ángel Nieto
Avda. del Planetario (Parque Tierno Galván). Telf. 91 468 02 24. Para ver las motos de uno de los grandes mitos del motociclismo. Cerrado temporalmente por reformas.

Parque del Retiro y Casa de Campo
Alquiler de barcas en los lagos; títeres y payasos en el Retiro.

Zoo-Aquarium de Madrid
Casa de Campo.
Telf. 91 512 37 70. Horario: de 10,30 h a 18,30 h, hasta las 21 h en verano. Delfinario, exhibiciones mañana y tarde.

Warner Bros. Park
Ctra. M 301, km 15,5. San Martín de la Vega. Telf. 91 821 13 00.
www.warnerbrospark.com
Parque temático sobre el glamour y la magia de Hollywood y Warner Bros.

Xanadú
Carretera A 5, km 23. Arroyomolinos.
www.madridxanadu.com
Horario: zona comercial, de 10 h a 22 h; zona de ocio, de domingo a jueves, de 10 h a 02 h, viernes y sábado de 10 h a 04 h.
Gran centro comercial y de ocio que cuenta con la primera pista de nieve cubierta de España. El complejo dispone de 18.000 m² esquiables divididos en un área para principiantes y otra para los más expertos, con capacidad para 300 personas.

Alojamientos

HOTELES

GL Ritz Madrid***
Plaza de la Lealtad, 5.
Telf. 91 701 67 67.
Fax: 91 701 67 76. Entorno interesante
y excelente nivel de servicio. Acceso
para minusválidos.
Habitación doble: 580-630 €.

AC Santo Mauro GL***
Zurbano, 36. Telf. 91 319 69 00.
Fax: 91 308 54 77.
www.ac-hoteles.com
En el antiguo palacio de los Duques
de Santo Mauro.
Habitación doble: 268-441 €.

Palace***
Pza. de las Cortes, 7.
Telf. 91 360 80 00.
Fax: 91 360 81 00. Entorno interesante.
Acceso para minusválidos.
Habitación doble: 440 €.

Husa Princesa***
Princesa, 40. Telf. 91 542 21 00.
Fax: 91 542 35 01. www.husa.es
Renovado en 1993. Acceso para
minusválidos.
Habitación doble: 345 €.

Silken Puerta de América***
Avda. de América, 41.
Telf. 91 744 54 00. Fax: 91 744 54 01.
www.hotelpuertamerica.com
La modernidad y el diseño caracteri-
zan a este hotel.
Habitación doble: 360 €.

Hotel Urban***
Carrera de San Jerónimo, 34.
Telf. 91 787 77 70. Fax: 91 787 77 99.
www.derbyhotels.es
Sofisticado y vanguardista. Entre las
sorpresas: las piscina y el restaurante
en la azotea y la colección de arte antiguo repartida por todas las salas del
hotel. Habitación doble: 180-365 €.

Hotel Villa Magna GL
Park Hyatt ***
Castellana, 22. Telf. 91 587 12 34.
Fax: 91 431 22 86. En un edificio
moderno, bien situado y decorado con
muebles de estilo. Con jardín.
Habitación doble: 250-520 €.

Hotel Villa Real***.** Pza. de las
Cortes, 10. Telf. 91 420 37 67.
Fax: 91 420 25 47. Lujoso y elegante
en un edificio moderno.
Habitacióndoble: 160-334 €.

Hotel Wellington***
Velázquez, 8. Telf. 91 575 44 00.
Fax: 91 576 41 64. Junto a El Retiro.
Habitación doble: 350 €.

Hotel NH Alcalá**
Alcalá, 66. Telf. 91 443 50 10.
Fax: 91 443 51 10.
Junto al parque de El Retiro.
Habitación doble: 75-190 €.

Hotel Best Western Arosa**
Salud, 21. Telf. 91 532 16 00.
Fax: 91 531 31 27.

Céntrico pero con habitaciones aisladas del ruido.
Habitación doble: 160-205 €.

Hotel Meliá Barajas****
Avda. Logroño, 305 (junto al aeropuerto y al recinto ferial).
Telf. 91 747 77 00.
Fax: 91 747 87 17.
Cómodo y moderno.
Habitación doble: 185-200 €.

NH Eurobuilding****
Padre Damián, 23.
Telf. 91 353 73 00.
Fax: 91345 45 76. Con todos los servicios y comodidades. Habitación doble: 200,50 €.

Hotel Carlton****
Pº de las Delicias, 26.
Telf. 91 539 71 00. Fax: 91527 85 10.
Próximo al Museo del Prado.
Habitación doble: 195 €.

Castellana Inter-Continental****
Castellana, 49. Telf. 91 700 73 00.
Fax: 91 319 58 53.
En el centro financiero de Madrid.
Habitación doble: 355 €.

Hotel Chamartín****
Agustín de Foxá (junto a la estación).
Telf. 91 334 49 00.
Fax: 91 733 02 14.
Habitación doble: 95-180 €.

Hotel Colón****
Pez Volador, 11.
Telf. 91 573 59 00.
Fax: 91 573 08 09.
Entre la M 30 y El Retiro, dispone de muy buenas instalaciones.
Habitación doble: 200 €.

Hotel Convención****
O'Donnell, 53.
Telf. 91 574 68 00. Fax: 91 574 56 01.
Especializado en convenciones.
Habitación doble: 92-180 €.

Hotel Cuzco****
Pº de la Castellana, 133.
Telf. 91 556 06 00.
Fax: 91 556 03 72. Bien ubicado, cerca del área comercial de la calle Orense.

Acceso para minusválidos.
Habitación doble: 205 €.

Hotel Emperador****
Gran Vía, 53. Telf. 91 247 28 00.
Fax: 91 547 28 17. Visitado por huéspedes internacionales. Lo mejor, sus vistas desde la terraza.
Habitación doble: 230 €.

Hotel Emperatriz****
López de Hoyos, 4.
Telf. 91 563 80 88.
Fax: 91 563 98 04.
www.hotel-emperatriz.com
Edificio de estilo neoclásico, en barrio residencial, a escasa distancia del paseo de la Castellana.
Habitación doble: 132-292 €.

Hotel Gaudí****
Gran Vía, 9.
Telf. 91 531 22 22.
Fax: 91 531 54 69. Moderno, funcional y muy céntrico.
Habitación doble: 248 €.

Gran Atlanta****
Comandante Zorita, 34.
Telf. 91 553 59 00.
Fax: 91 533 08 58. Cerca de la zona comercial de Orense. Muy confortable. Habitación doble: 95-135 €.

Hotel Gran Canarias****
Plaza Cánovas del Castillo, 4.
Telf. 902 303 132.
Fax: 991 360 07 98. En la plaza de Neptuno. Abierto recientemente.
Habitación doble: 142-550 €.

Gran Hotel Conde Duque****
Pza. del Conde del Valle de Suchil, 5.
Telf. 91 447 70 00.
Fax: 91 448 35 69.
Recientemente renovado, en una zona ajardinada y céntrica.
Habitación doble: 325 €.

Hotel Meliá Castilla****
Capitán Haya, 43.
Telf. 91 567 50 00. Fax: 91 567 50 51.
www.solmelia.com
En el centro empresarial y comercial.
Habitación doble: 310 €.

Novotel Madrid
Campo de las Naciones**
Avda. Recinto Ferial Juan Carlos I.
Telf. 91 721 18 18.
Fax: 91 721 11 22
Moderno y funcional.
Habitación doble: 155 €.

Hotel Suecia**
Marqués de Casa Riera, 4.
Telf. 91 531 69 00.
Fax: 91 521 71 41.
Decoración clásica en un edificio
moderno. A un paso de Cibeles.
Habitación doble: 190 €.

Hotel Aristos*
Pío XII, 34.
Telf. 91 345 04 50.
Fax: 91 345 10 23.
Cerca de la estación de Chamartín.
Moderno y funcional.
Habitación doble: 170 €.

Hotel Green Prado*
Prado, 11.
Telf. 91 369 02 34.
Fax: 91 429 28 29.
www.green-hoteles.com
Pequeño y funcional, en pleno Centro
de Madrid. Admite perros.
Habitación doble: 142 €.

Hotel Mercator*
Atocha, 123.
Telf. 91 429 05 00.
Fax: 91 369 12 52.
Habitaciones bien equipadas.
Habitación doble: 60-85 €.

NH Balboa*
Núñez de Balboa, 112.
Telf. 91 563 03 24.
Fax: 91 562 69 80.
www.nh-hotels.com
Barrio de Salamanca.
Habitación doble: 171 €.

NH Bretón*
Bretón de los Herreros, 29.
Telf. 91 442 83 00.
Fax: 91 441 38 16.
Próximo al Paseo de la Castellana.
Habitación doble: 85-152 €.

NH Zurbano*
Zurbano, 79-81.
Telf. 91 441 55 00.
Fax: 91 441 32 24.
www.nh-hoteles.es
Próximo al Paseo de la Castellana.
Habitación doble: 164-234 €.

Hotel Osuna*
Luis de la Mata, 18.
Telf. 91 741 81 00.
Fax: 91 742 80 77. Junto a la autopista
de Barajas, a 8 km de Madrid.
Habitación doble: 100-171 €.

Hotel Príncipe Pío*
Cuesta de San Vicente, 14.
Telf. 91 547 80 00.
Fax: 91 541 11 17. Frente al Palacio
Real. Habitación doble: 105-140 €.

Hotel Puerta de Toledo*
Glorieta Puerta de Toledo, 4.
Telf. 91 474 71 00.
Fax: 91 474 07 47.
En el centro histórico.
Habitación doble: 100-120 €.

Hotel Regente*
Mesonero Romanos, 9.
Telf. 91 521 29 41.
Fax: 91 532 30 14. Céntrico y con for-
table. Habitación doble: 116 €.

Hotel Regina***
Alcalá, 19. Telf. 91 521 47 25.
Fax: 91 522 40 88. Moderno y funcional. Cerca de Cibeles.
Habitación doble: 151 €.

Hotel T3 Tirol***
Marqués de Urquijo, 4.
Telf. 91 548 19 00. Fax: 91541 39 58.
En la zona de Argüelles.
Habitación doble: 142 €.

Hotel Vinci Capitol***
Gran Vía, 41. Telf. 91 521 83 91.
Fax: 91 521 77 29.
Edificio histórico en el Centro.
Habitación doble: 490 €.

Tryp Centro Norte***
Mauricio Ravel, 10.
Telf. 91 733 34 00. Fax 91314 60 47.
Próximo a la estación de Chamartín.
Habitación doble: 154 €.

Hotel Finisterre**
Toledo, 111. Telf. 91 365 36 00.
Buenas prestaciones para un hotel de su categoría. Habitaciones amplias y confortables. Habitación doble: 88 €.

Hotel París**
Alcalá, 2. Telf. 91 521 64 96.
Fax: 91531 01 88. Reformado y modernizado, junto a la Puerta del Sol.
Habitación doble: 92 €.

Hotel HH Campomanes**
Campomanes, 4. Telf. 91 548 85 48.
www.hhcampomanes.com
Moderno, acogedor y céntrico.
Habitación doble: 105 €.

Hotel Europa*
Carmen, 4. Telf. 91 521 29 00.
Fax: 91 521 46 96.
Junto a la Puerta del Sol.
Habitación doble: 60 €.

HOSTALES

Hostal Persal**
Plaza del Ángel, 12.
Telf. 91 369 46 43. Emplazamiento inmejorable. Habitaciones bien equipadas y servicio muy profesional. Habitación doble: 75 €.

Hostal Buenos Aires***
Gran Vía, 61.
Telf. 91 542 01 02. Habitaciones amplias y limpias; algunas con vistas.
Habitación doble: 55-68 €.

Hostal Lorenzo***
Infantas, 26, 3º piso.
Telf. 91 521 30 57.
Habitaciones bonitas y con mucha luz, bien equipadas.
Habitación doble: 70 €.

Hostal Astoria**
Carrera de San Jerónimo, 30, 5º piso.
Telf. 91 429 11 88. Reformado con todas las comodidades.
Habitación doble: 55 €.

Hostal Cervantes**
Cervantes, 34. Telf. 91 429 27 45. Tranquilo, cómodo y agradable.
Habitación doble: 52 €.

Hostal América**
Hortaleza, 19.
Telf. 91 522 64 48. Fax: 91 522 64 47.
www.hostalamerica.net
Buen nivel de servicios en este establecimiento ubicado junto a la Gran Vía. Dispone de una fantástica azotea que los clientes pueden disfrutar.
Habitación doble: 43-46 €.

Hostal Cantábrico**
Cruz, 5.
Telf. 91 521 33 03. Fax: 91 532 14 41.
www.hostalcantabricomadrid.com
Habitación doble: 39 €.

Hostal Lamalonga**
Gran Vía, 56, 2º C.
Telf. 91 547 68 94.
Fax: 91 547 26 31.
www.hostallamalonga.com
Habitación doble: 42-56 €.

CAMPINGS

Osuna. 2ª cat. Avda. de Logroño, s/n (Alameda de Osuna).
Telf. 91 741 05 10. Abierto todo el año.
Soto del Castillo. 1ª categoría. Antigua N IV, km 46,8. Aranjuez.
Telf. 91 891 13 95.

Transportes y teléfonos de interés

AEROPUERTO DE BARAJAS

Carretera de Barcelona, km 16.
Información general de Aena:
Telf. 902 35 35 70. www.aena.es
Centralita del aeropuerto:
Telf. 91 393 60 00.
Información de salidas y llegadas de vuelos nacionales e internacionales.
Telf. 91 305 83 43/ 44/ 45/ 46.
Serviberia
Información, reservas y venta telefónica. Telf. 902 400 500.
Iberia: www.iberia.es
Spanair. Información general y reservas: telf. 902 13 14 15.
www.spanair.es
Air Europa
Telf. 902 401 501.www.aireuropa.com

FERROCARRIL

Renfe. Información y venta. AVE, cercanías y larga distancia:
Telf. 902 240 202.
www.renfe. es

AUTOBUSES

Estación Sur de Autobuses
Méndez Álvaro. Telf. 91 468 42 00.
Continental Auto
Información. Telf. 91 533 04 00.

TRANSPORTES URBANOS

Empresa Municipal de Transportes. EMT. Información sobre autobuses urbanos. Telf. 91 401 99 00.

METRO

Información. Telf. 902 444 403.
www.metromadrid.es

TAXIS

Radiotaxi
Telf. 91 447 51 80 y 91 447 32 32.
Radiotaxi Independiente
Telf. 91 405 12 13. Viajes por carretera y entrega de paquetes.
Aero-Taxi
Telf. 91 571 96 96. Traslado al aeropuerto en microbús.
Objetos perdidos en taxis
Telf. 91 588 43 44.

ALQUILER DE AUTOMÓVILES

Alcar. Telf. 91 555 10 10.
Atesa. Telf. 902 100 101.
Avis. Telf. 902 135 531.
Europcar. Telf. 917 211 222.
Hertz. Telf. 902 402 405.
Julià. Puerto Used, 20.
Telf. 91 779 18 74

AYUNTAMIENTO

Información general
Telf. 010.
Objetos perdidos
Telf. 91 588 43 46.

TELÉFONOS DE INTERÉS

Pérdidas de tarjeta de crédito
Cancelación. Telf. 91 581 18 11.

Oficina de información de la Comunidad de Madrid
Telf. 91 580 42 60.

TELÉFONOS DE URGENCIA

Emergencias. Policía, bomberos y sanitarios. Telf. 112.
Urgencias del Insalud. Telf. 112.
Samur (accidentes y enfermos en vía pública). Telf. 112
Bomberos
Telf. 080. Incendios forestales.
Telf. 085.
Policía Local. Telf. 092.

Policía Nacional. Telf. 091.
Protección Civil. Telf. 91 537 31 00.
Asistencia al automovilista (ADA)
Telf. 902 232 423.

CARRETERA

Dirección general de Tráfico
Información sobre el estado de las carreteras. Telf. 900 123 505.
www.dgt.es
Información metereológica
Información nacional.
Telf. 906 365 365.
www.inm.es

Oficinas de Turismo

Oficina Municipal
Plaza Mayor, 3. Telf. 91 588 16 36 y 91 366 54 77.
Oficinas de Turismo de la Comunidad Autónoma de Madrid
Aeropuerto de Barajas.
Telf. 91 305 86 56.
Mercado Puerta de Toledo, local 3134.
Telf. 91 364 18 76.
Duque de Medinaceli, 2.
Telf. 91 429 31 77.

Estación de Chamartín.
Telf. 91 315 99 76.
Alcalá de Henares
Callejón de Santa María.
Telf. 91 889 26 94.
Aranjuez
Plaza de San Antonio.
Telf. 91 891 04 27.
El Escorial
Grimaldi, 2.
Telf. 91 890 53 13.

Páginas Web

www.munimadrid.es
Página web oficial del Ayuntamiento de Madrid.
www.esmadrid.es
Página web perteneciente al ayuntamiento de Madrid centrado en temas

turísticos, de ocio y negocio de la ciudad.
www.webmadrid.com
Guía digital sobre Madrid.
www.madridamano.com
Guía cultural de Madrid.

leyenda

- ○ Transbordo entre líneas de Metro
- ⌒ Transbordo largo entre líneas de Metro
- ✚ Estación con horario restringido
- ♿ Estación con acceso para personas con movilidad reducida. Ascensor
- ♿ Acceso con rampa
- ◉ Estación de Cercanías Renfe
- ⇄ Estación Renfe
- ▣ Terminal de autobús interurbano
- ✖ Aeropuerto de Madrid•Barajas
- Ⓟ Aparcamiento Libre en estación
- Ⓟ Aparcamiento de Pago en estación
- ❶ Oficina de Información al Cliente

B1 B2 B3 (zona)
Cambio tarifario exclusivamente para abonos mensuales y anuales, y títulos de 10 viajes

Metro Sur

Pitis 7
Lacoma
Avda. Ilustración
Peñagrande
Antonio Machado
Valdezarza
Francos Rodríguez
Metropolitano
Guzmán el Bueno
Ciudad Universitaria
Islas Filipinas
Moncloa 3
Argüelles 4
Ventura Rodríguez
Plaza de España
Príncipe Pío R
Santo Domingo
Puerta del Ángel
Lago
Opera R
Alto de Extremadura
Puerta de Toledo
Casa de Campo 5
Batán
Lucero
Laguna
Pirámides
Colonia Jardín
Campamento
Carpetana
Urgel
Empalme
Eugenia de Montijo
Oporto
Cuatro Vientos
Aluche
Vista Alegre
Opañel
Parque Lisboa
Carabanchel
Abrantes
Alcorcón Central
Parque Oeste
Joaquín Vilumbrales
Pan Bendito 11
Puerta del Sur 12 10
San Nicasio
El Carrasca
Universidad Rey Juan Carlos
Julián Besteiro
Móstoles Central
Leganés Central
El Bercia
Pradillo
Casa del Reloj
Hospital de Móstoles
Hospital Severo Ochoa
Getafe Central
Manuela Malasaña
Alonso
Loranca
Conservatorio
Parque Europa
Fuenlabrada Central
Arroyo Culebro
Hospital de Fuenlabrada
Parque de los Estados

B2 B1 (zona)

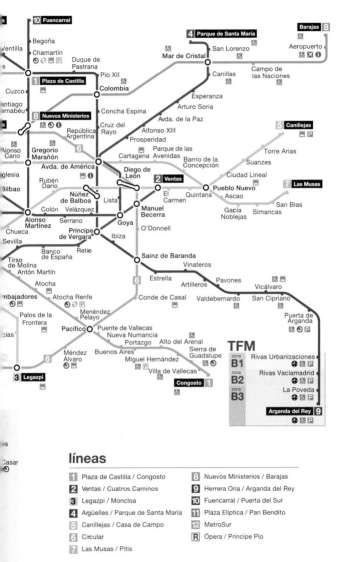

líneas

1	Plaza de Castilla / Congosto		**8**	Nuevos Ministerios / Barajas
2	Ventas / Cuatros Caminos		**9**	Herrera Oria / Arganda del Rey
3	Legazpi / Moncloa		**10**	Fuencarral / Puerta del Sur
4	Argüelles / Parque de Santa María		**11**	Plaza Elíptica / Pan Bendito
5	Canillejas / Casa de Campo		**12**	MetroSur
6	Circular		**R**	Ópera / Principe Pío
7	Las Musas / Pitis			

Índice de lugares

ÍNDICE DE LUGARES